BRAND
MODULATION

시대의 아이콘이 된 브랜드 성공 스토리

BRAND
MODULATION

브랜드 모듈레이션

신승학 지음

더봄

책을 펴내며

어떤 브랜드가 좋은 브랜드일까? 어떤 브랜드가 가치 있는 브랜드일까?

다행히도 이런 어려운 물음에 조언을 구할 수 있는 자료는 우리 주변에 너무도 많다. 또 서점 인기 코너에만 가도 너무도 훌륭한 저자들의 좋은 저서들을 어렵지 않게 만나볼 수 있다. 심지어 우리나라에는 매달 좋은 브랜드만을 소개하는 전문 잡지까지 있다!

그리고 브랜드에 조금이라도 민감한 사람이라면 내가 좋아하는 브랜드에 관한 이야기로 밤샘 토론도 어렵지 않을 정도로 브랜드에 대한 이야깃거리는 생활 속에 넘쳐난다. 나만이 그 가치를 발견한 브랜드, 아직 국내에 소개되지 않은 신선한 브랜드들을 공유하는 것은 언제나 정말 짜릿한 대화 주제이다.

우리가 브랜드에 대해서 관심을 가질 때 특정 브랜드 자체를 자세히 집중하여 관찰하는 것은 어쩌면 지극히 당연한 일이다. 개별 브랜드의 내공을 관찰하면서 많은 영감과 아이디어를 떠올릴 수 있기 때문이다. 하지만, 이런 관념적인 접근만을 고수한다면 우리의 담론은 특정 브랜드가 만들어낸 일련의 현상 파악에만 머무른 채 브랜드가 내세운 성공 스토리라는 도그마에 매몰될 가능성이 높다. 이는 내가 설계할 브랜드의 완성도를 조율하는 면에서는 효과적일 수 있겠으나, 다가올 변화를 포착하여 그 안에서 성장과 도태를 가늠하는 치열한 논쟁까지 유발하기는 쉽지 않아 보인다.

좀 더 실제적인 논의가 필요하다. 돌이켜보면 우리의 일상에 가장 많은 영향을 미치는 브랜드들은 단순히 그 자체의 만듦새를 뛰어넘어 사회, 경제적인 영향력이 존재해왔다. 가장 성공한 브랜드 중 하나로 회자되는 코카콜라와 맥도날드의 성공 역시 달러 기축통화를 앞세운 미국 패권주의가 없었다면 불가능한 결과였고, 현재 우리의 일상을 지배하고 있는 각종 SNS 브랜드들의 등장 이면에도 강력한 무선통신 인프라의 확충이 자리잡고 있었다. 지금까지 브랜드의 패러다임을 변화시킨 일련의 현상들에 합리적인 의미를 부여해 다가올 트렌드를 예측할 수 있을 때 비로소 시대에 부합하는 구체적이고 명징한 브랜드 전략이 나타날 것이라고 생각한다.

현재 우리가 겪고 있는 코로나 팬데믹은 스페인 독감 이후 가장 참혹한 전염병이며, 대공황을 뛰어넘는 경제적 충격을 던져주고 있다. 이 사태의 끝을 정확히 예단할 수는 없으나 적어도 앞으로 다가올 새로운 브랜드 패러다임에 대한 논의를 본격적으로 시작할 시점이라는 것만은 분명해 보인다. 다양한 스타트업 브랜드를 만들면서 쌓아온 작은 경험들과 그동안 여러 강연에 활용했던 연구 자료들을 모아 한 권의 책으로 정리했다. 이 책은 일반적인 브랜드를 다루는 저서와는 다른 시각을 가지고 있지만 사회, 경제적으로 거대한 급변기를 맞이한 지금 한 번쯤 생각해볼 주제를 던져줄 수 있을 것으로 기대한다.

차례

| 1 | 개척자들의 브랜드

| 2 | 글로벌 브랜드 시대

-||||-

모듈레이션 Modulation :
조율하여 증폭시키다

종이 한 장을 들어 앞으로 던져보자. 종이는 중력과 공기 저항을 받아 몇 번 휘날리다가 곧바로 앞에 떨어질 것이다. 이런 종이를 구겨서 공처럼 만든 다음 앞으로 던지면 좀 더 멀리 날아갈 수 있다. 구겨진 종이의 표면이 던지는 힘을 온전히 담아내어 중력과 공기저항을 이겨내기 때문이다. 그렇다면 아예 종이로 멋진 비행기를 접어 바람을 타게 만들면 어떨까. 던지는 힘에 바람의 힘까지 더해지며 종이는 더더욱 먼 곳까지 날아갈 것이다. 바람만 멈추지 않고 계속 불어줄 경우 어쩌면 종이는 무한대로 비행할지도 모르겠다. 이렇게 종이의 이동 거리를 늘리듯, 특정 개체에 에너지를 더해서 전달 거리를 증폭시키는 행위를 '모듈레이션'Modulation이라고 부른다. 모듈레이션은 신호나 정보가 보다 멀리 확산되는 환경을 조율하는 행위로서 오늘날 라디오, 무선통신 등에 광범위하게 활용되고 있는 기술이다. 우리가 실생활에서 청취 가능한 음성 신호는 보통 20Hz에서 20kHz 내외의 짧은 거리 대역폭을 가지고 있는데, 신호의 진폭과 주파수를 변조시키고, 높은 안테나를 세우는 등의 모듈레이션 과정을 거치면 아주 먼 곳까지 음성 신호를 보낼 수 있게 된다.

브랜드^{Brand}가 전파되는 과정에서도 이런 모듈레이션 현상을 찾아볼 수 있다. 제아무리 좋은 내공을 가진 브랜드라 해도 본연의 에너지만으로는 대규모 외부 확산을 기대하기 힘든 경우가 많기 때문이다. 물론 이를 보조하기 위해 마케팅이라는 활동이 수반되지만, 브랜드가 우리 실생활에 밀접히 파고들어 영향력을 행사하게 되는 파급력을 마케팅만으로 설명할 수는 없다. 단순히 좋은 마케팅과 좋은 브랜드가 스스로 가공해낸 현상이 아닌 브랜드가 탄생한 시점의 시대상, 이를 관통했던 사회, 정치적인 현상들이 복합적으로 모듈레이션을 일으킬 때 브랜드 본연의 잠재력을 넘어 거대한 시장의 파급력을 보인 경우가 많다. 일례로 세계 대전을 통해 유럽이 초토화되며 포드^{Ford}, GM 등 다분히 '미국적인 브랜드'들이 대량으로 등장했던 시대나, 달러를 기축통화로 한 국가 간의 무역이 전 세계를 하나의 경제권으로 묶으며 '글로벌 브랜드'들의 탄생을 불러왔던 것 등이 그렇다. 또 1970년대 이후 미국 제조업이 몰락하면서 일본과 독일 그리고 중국 등 '제3국 브랜드'들이 전 세계를 휩쓸었던 사례, IT 기술 혁신과 함께 구글, 페이스북 등 새로운 형태의 브랜드들이 시대를 거듭하며 등장한 케이스도 이러한 맥락을 뒷받침한다. 모듈레이션이 동작한 브랜드들은 항상 다양한 사회, 경제적 현상의 연속된 상호작용 속에서 나타났다. 이런 상호작용들이 모두 필연적인 이유를 갖고 등장했던 것은 아니지만, 왜 그러한 현상이 일어날 수밖에 없었는가를 탐구하는 과정에서 브랜드의 가까운 미래를 예측할 많은 단서를 발견할 수 있다.

브랜드(Brand)의 시작

브랜드의 기원에는 여러 가지 설이 있다. 고대 이집트인들이 들판에 풀어놓아 주인을 구분하기 어려운 소^{Cattle}에 낙인을 찍어 소유권을 표시하던 행위가 고대 노르웨이어인 Brandr, 중세 영어의 Brond 등으로 변형되면서, 현재의 Brand로까지 이어졌다고 보는 시각이 그중 하나이다. 최초엔 '불로 지지다'와 비슷한 뜻으로 사용되었을 것으로 추측되는데, 이후 도시와 시장의 규모가 커지고, 상업이 발달하면서부터 브랜드는 제품 제조업자, 판매자 등을 표시하는 신용의 수단으로까지 활용 범위가 넓어진다.

본격적으로 현대와 같은 브랜드 개념이 통용되기 시작한 시점은 산업혁명 이후로 볼 수 있다. 20세기 초부터 완성되기 시작한 미국의 컨베이어 벨트$^{Conveyer\ Belt}$식 대량 생산 시스템은 인류에게 최초로 풍족한 물질을 제공해주었고, 대량 생산의 속도 증가가 예측 이상으로 빠르게 진행되면서 엄청난 변화를 몰고 왔다. 일례로 미국 자동차 산업은 1900년대 초 연간 수천 대 남짓의 자동차를 생산하는 데 그쳤지만, 대량 생산 시스템이 가동된 1920년대 후반이 되면 연간 540만 대 이상을 생산해낼 수 있게 된다. 단순 계산만으로도 매년 두 자릿 수 이상의 성장률을 보였던 것이다. 이런 현상은 자동차에만 국한된 것이 아니라 20세기 초 산업 전반에서 일관적으로 관찰되었으며, "공급은 스스로 수요를 창출한다."는 장 밥티스트 세이Jean-Baptiste Say의 이론* 등에 영향을 받고 있던 미국 경제는 지속적으로 늘어나고 있는 생산에 대해 그다지 크게 우려하지 않았다. 지금처럼 경제 위험요소들을 분석할 세밀한 장치가 없기도 했고, 공급의 규모화가 위험요소를 스스로 제거할 것이라는 막연한 관망만이 시장을 지배하고 있었기 때문이다. 정부 역시 시장의 자율성에 의존하려는 경향이 짙었기 때문에 공장은 한동안 멈추지 않고 계속해서 돌아갔다.

* ────────────────────────────

고전학파 경제학자인 프랑스의 장 밥티스트 세이Jean-Baptiste Say는 모든 경제 주체는 생산자이면서 소비자의 특성을 가지고 있기 때문에 생산으로 번 소득이 결국 다른 상품의 소비로 지출될 것이라고 주장했다. 결국 특정 영역에서 부분적인 과잉생산이 발생한다면 그에 상응하는 과잉소비가 다른 한편에서 자연히 나타날 수밖에 없다는 것이다. 이는 시장이 스스로의 불균형을 통제할 수 있다는 기조로서 정부의 시장 통제를 최소화하려던 미국의 건국 이념과도 상통했다.

문제는 시장의 유효수요 감소가 감지될 경우 이에 대한 대처가 불가능했다는 점에 있었다. 대량 생산 체제로 전환된 시장은 끊임없는 생산을 부추겼고, 얼마 안 가 수요가 공급을 감당해내지 못하는 상태로 진입하고 만다. 여기에 고도화되지 못했던 통화정책 등 다양한 원인들이 복합 작용을 일으키며 실물경제는 거대한 침체기에 빠져들었다. 창고에 팔리지 않은 물건이 쌓이기 시작한 것이다. 엄청난 악성 재고를 다른 시각으로 본다면 생산에만 집중했던 기업이 스스로 판매의 활로를 뚫어야 한다는 걸 의미했다. 물건만 찍어내면 돈을 벌었던 과거와 달리 이제 경쟁사의 제품보다 내 것이 좋다는 것을 적극적으로 알려야 했고, 물건을 팔 줄 알아야 생존할 수 있는 시대가 되었다. 기업들은 본격적으로 자신들의 상품을 포장하기 시작했으며, 제조사를 구분할 수 있게 로고를 만들고, 제품을 더욱 아름답게 디자인하면서 상품과 기업의 이미지에 경쟁력을 더해갔다. 미디어가 발달하면서부터는 최초의 상품 광고를 게재하기도 했다. 우리가 알고 있는 현대적인 브랜드는 이런 식으로 우리 앞에 나타났다.

| 1 |

개척자들의
브랜드

1

대량 생산이
모듈레이션을 일으키다

    현대적인 브랜드를 유발시킨 최초의 근대화된 대량 생산 시스템은 미국 자동차 산업에서부터 찾아볼 수 있다. 원래 자동차 산업은 19세기 증기 내연기관을 최초로 상용화해낸 프랑스와 독일 등 유럽의 제조사들이 주도하고 있었지만, 20세기 헨리 포드^{Henry Ford}의 등장은 모든 것을 일순간에 변화시켰다.

    1900년대 초 미국의 자동차 가격은 2천 달러에서 5천 달러 이상을

상회했다. 이는 자동차라는 내구재가 미국 노동자의 1년 치 평균 급여인 674.95달러로는 좀체 구매하기 힘든 사치품에 가까웠다는 의미이다. 당시 미국 시장에는 500여 개의 크고 작은 자동차 제조사가 있었지만, 연간 전체 자동차 판매량은 1만 대에도 미치지 못할 만큼 보급률이 낮았다. 1903년 포드 자동차^{Ford Motor Company}를 창업한 헨리 포드^{Henry Ford}는 1908년 극도로 간소화된 생산공정과 단일한 옵션으로 850달러짜리 중형차 모델 T^{Model T}를 내놓는 데 성공한다. 모델 T는 경쟁사 대비 약 1200달러 이상 저렴했음에도 포드는 이에 만족하지 않았고, 더욱 낮은 가격의 자동차를 만들기 위한 생산 공정 개선을 이어갔다. 이때 탄생한 것이 바로 그 유명한 컨베이어 벨트 시스템^{Conveyer Belt System}이다.* 1913년부터 도입된 컨베이어 벨트 시스템은 자동으로 돌아가는 생산라인 위에서 작업자가 같은 일만 반복하면 되는 공정으로서 차량 1대의 조립 시간을 88% 이상 줄일 수 있었다. 기존 공정에서는 자동차 1대를 생산하는데 12시간 50분이 걸렸던 반면, 컨베이어 벨트 시스템은 93분이면 충분했다. 모델 T 생산량은 1912년 6만 대의 규모를 벗어나 1914년 세 배에 가까운 20만 3천여 대로 늘어났으며, 1923년에는 200만 대를 넘어섰다. 대량 생산으로 인해 규모의 경제가 만들어지자 가격 역시 빠르게 하락했는데, 1920년 이후 모델 T의 가격은 대다수 미국 급여생활자들의 구매력을 충족시키는 300달러 선으로 떨어졌다. 포드 모델 T는 1921년 미국 자동차 시장의 61%를 점유할 정도로 엄청난 인기를 모았으며, 1927년 단종되기까지 무려 1500만 대가 넘게 생산되었다. 포드의 컨베이어 벨트 시스템은 자동차를 대량 생산하기 위한 방편이었

헨리 포드의 컨베이어 벨트 시스템의 모습

헨리 포드(Henry Ford), 1863~1947
그는 현대적인 브랜드를 유발시킨 최초의
근대화된 대량 생산 시스템을 탄생시켰다.

지만, 결과적으로 산업화가 한창이던 전 세계 제조업에 대량 생산이라
는 키워드를 제시했고, 이때부터 인류는 공산품의 풍족한 공급을 경험
하기 시작한다.

*

포드의 컨베이어 벨트 시스템^{Conveyer Belt System}은 분명 생산적 측면의 장점
이 있었지만, 노동자의 입장에서는 끊임없이 반복되는 단순 작업을 강요
받아야 했다. 때문에 노동자들의 불만은 증가할 수밖에 없었고, 결근과
중도 이탈이 빈번하게 나타났다. 당시 컨베이어 벨트 시스템이 설치되었
던 포드의 하이랜드 파크^{Highland Park} 공장은 이 문제 때문에 언제나 정원
의 5배에 가까운 예비 인력을 확보하느라 애를 먹고 있었다. 이를 해결하
기 위해 포드는 1914년부터 노동자의 하루 급여를 2.34달러에서 5달러

로 두 배 이상 올리는 결정을 단행한다. 근무시간 역시 하루 9시간에서 8시간으로 줄여버렸다. 이후 하이랜드 파크 공장에는 입사를 원하는 지원자가 끊이지 않았고, 결근율은 75%까지 떨어졌다. 포드의 임금 정책은 컨베이어 벨트 시스템을 돌리기 위한 고육책이었으나, 노동 시장 전반에 영향을 미쳐 소비력 상승으로 나타났으며, 미국 시장에 대량 생산 체제가 자리 잡을 수 있는 기반을 제공했다. 이것을 우리는 포드주의, 또는 포디즘Fordism이라고 부른다.

참고자료

하워드 민즈 저, 황진우 옮김, [머니&파워], 경영정신(2002), 202~219쪽
리차드 S. 테들로우 저, 안진환 옮김, [일곱 거인, 그들이 이룩한 제국:
    사업의 법칙 1], 청년정신(2003), 259~271쪽
John Cunningham Wood, Michael C. Wood 저, [Henry Ford: Critical
    Evaluations in Business and Management], Routledge(2002),
    226~236쪽
Lindsay Brooke 저, [Ford Model T: The Car That Put the World on Wheels],
    Motorbooks(2008), 19~27쪽
Ford R. Bryan 저, [Beyond the Model T: The Other Ventures of Henry
    Ford], Wayne State University Press(1997), 15~24쪽

-||||-

2

할부 제도가
대량 소비를 부추기다

원래 미국은 농업국가라고 해도 과언이 아닐 정도로 농업이 차지하
는 비중이 큰 나라였다. 20세기 초까지 인구의 70% 가까이가 농촌 등
작은 도시에 거주하면서, 대부분 농업이나 가내수공업으로 생계를 이
어갔다. 철도나 도로와 같은 교통도 발달하지 않아 경제활동은 작은
도시 안에서만 맴돌았고, 평범한 미국인들은 보통 태어난 곳에서 150
마일 이상 벗어나 본 경험이 별로 없었다. 전기의 공급률은 30%에도
미치지 못했으며, 수세식 화장실이 설치된 가정이 20%가 채 되지 않는
등 미국은 아직 근대화된 모습을 완벽히 갖추지 못한 국가였다. 이렇게
많은 부분이 뒤처져 있던 미국은 1914년 제1차 세계 대전이 발발하면
서부터 엄청난 변화를 겪게 된다. 전쟁 중 막대한 양의 전쟁 물자가 미
국에서 생산되었고, 전 세계의 80%에 가까운 자동차와 트럭이 미국산

으로 채워졌다. 농업국이었던 미국이 단숨에 전 세계 최대 제조업 국가의 지위로 올라선 것이다.

이와 동시에 미국인들의 삶에도 큰 변화가 찾아왔다. 노동자들은 농촌을 떠나 도심으로 이주했고, 도심 속 공장 한편에서 가족들과 생활했다. 대량 생산 시스템이 고도화되면서부터는 공장 외곽에 별도 거주 시설을 만들어 생활 공간을 꾸릴 수 있었는데, 이때부터 비로소 미국인들의 삶에 있어 사생활이라는 개념이 나타난다. 사생활에 대한 인식은 삶의 질 향상을 추구하면서 개인과 가족을 위한 소비로 연결되었고, 근검절약을 강조하던 청교도 기반의 미국 사회에 소비 욕구를 주입시키기 시작했다. 산업화 이전보다 미국인들의 소비는 세 배가 늘어났으며, 소비의 대부분은 생활에 편의를 더해줄 내구재로 집중되었다. 1919년부터 1929년 사이 미국 가정의 자동차 보급률은 26%에서 60%로, 세탁기는 8%에서 29%, 그리고 진공청소기는 4%에서 20%로 늘어났다. 이미 대량 생산 체제로 진입해가던 미국 시장은 이런 변화에 즉각적으로 반응했고, 기업들은 더욱 많은 제품을 찍어내는 방식으로 황금기를 구가했다. 하지만 엄밀히 말하면, 생산과 소비가 증폭된 만큼 노동자들의 소득이 비례하여 늘어난 것은 아니었다.[*] 당시 노동자들의 급여만으로는 생산라인에서 쏟아져 나오는 재화들을 온전히 소비하기 어려웠고, 미국 기업들은 늘어난 공급에 대한 대책이 필요했다. 그래서 등장한 것이 바로 물건의 대금을 나누어 지급받는 할부 제도이다. 할부 제도는 미국 시장에 등장하자마자 내구재 소비의 50% 이상, 특히 자동차 소비의 75%를 차지할 정도로 급속히 미국 시장을 파고들었다.

이후에도 이런 현상은 계속 지속되었고, 1923년부터 1929년까지 기업의 이윤은 62%가 늘어났지만, 같은 시기 노동자의 실질적인 임금소득 증가는 11%에 그쳤다.

할부 제도를 최초로 도입한 기업은 재봉틀을 만들던 싱거[I.M. Singer & Co]이다. 1851년 미국의 발명가 아이작 메릿 싱거[Isaac Merritt Singer]와 변호사 출신인 에드워드 클락[Edward Cabot Clark]이 창업한 재봉틀 제조사 싱거는 경쟁업체들에 비해 뛰어난 기술력이 있었음에도 고가의 가격 때문에 원하는 만큼의 판매량을 올리지 못하고 있었다. 이때 싱거는 비싼 재봉틀 값을 소비자로부터 한 번에 받지 않고, 나누어 지급 받는 할부 제도를 착안해낸다.* 신용이란 개념이 전무하던 19세기에 재봉틀 업계에서 할부 제도가 가능했던 것은 아이러니하게도 재봉틀이라는 내구재가 잦은 고장을 일으켰기 때문이다. 싱거의 엔지니어들은 고장 난 재봉틀을 고치기 위해 자주 구매자의 가정을 방문해야 했는데, 이런 특징이 정기적으로 대금을 수급할 수 있는 판로를 열어주었다. 싱거는 역사상

아이작 메릿 싱거(Isaac Merritt Singer), 1811~1875

대량 소비의 근간이 된 할부 제도는 재봉틀을 만드는 싱거사에서부터 시작되었다.

최초로 할부 제도를 통해 상품을 팔기 시작했고, 1913년이 되면 재봉틀 판매량이 130만 대까지 늘어날 정도로 규모의 성장을 달성해낸다. 이후 할부 제도는 가구 업계를 거쳐 가전, 자동차 업계로 전파되어, 1920년대 미국 사회에 대량 소비가 자리 잡는 데 큰 역할을 담당한다.

*   _____

비슷한 시기 밀 수확기를 발명한 사이러스 매코믹^{Cyrus McCormick}도 밀 수확기를 농부들에게 할부로 판매한 적이 있었다. 하지만 밀 수확기는 농부들에게만 한정된 농기계였기 때문에 본격적인 일반 대중을 위한 신용 발행은 싱거가 최초라고 할 수 있다.

참고자료

Thomas K. McCraw, William R. Childs 저, [American Business Since 1920:
　　How It Worked], Wiley-Blackwell(2018), 1~12쪽

조르주 뒤비 저, 김기림 옮김, [사생활의 역 5, 제1차 세계 대전부터 현재까지],
　　새물결(2006), 45~68쪽

설혜심 저, [소비의 역사], 휴머니스트(2018), 123~137쪽

Paul C. Wilson 저, [How Inventions Really Happen: The Sewing Machine
　　Story, in Five Lives], Dog Ear Publishing(2017), 103~109쪽

3

대중 소비의 시대가
시작되다

싱거사가 할부 제도를 통해 새로운 형태의 소비 촉진에 물꼬를 텄다면, 이를 진정한 대중 소비의 단계로 끌어올린 것은 미국의 자동차 기업 GM General Motors이다. GM은 모든 소득 계층의 수요에 적극적으로 대응할 수 있을 만큼 대량 생산을 다변화시켰고, 본격적인 할부 제도

도입을 통해 자동차 판매의 범위를 넓혔다. 이후 미국 시장은 한층 더 성장한 소비 규모를 보였으며, 대량 생산이 만들어낸 엄청난 공급이 선순환하는 구조를 띠기 시작한다.

1908년 윌리엄 듀랜트[William Durant]에 의해 설립된 GM은 캐딜락[Cadillac], 폰티악[Pontiac], 뷰익[Buick], 쉐보레[Chevrolet] 등 다양한 자동차 제조사와 부품 업체가 인수합병된 거대한 연합 형태의 기업이었다. 이들은 많은 브랜드를 보유하고 있었지만, 엄청난 가격 경쟁력을 앞세운 포드에 밀려 시장에서의 존재감이 높지 않았다. 결국 1914년부터 미국 최대 화약 기업이던 듀폰[DuPont]에게 상당한 지분을 넘겨주게 되는데, 이 과정에서 듀폰의 CFO를 담당하던 금융전문가 존 라스콥[John J. Raskob]이 경영실적 개선을 위해 최초의 자동차 할부 판매를 제안해온다. 가장 비싼 소비재 중 하나였던 자동차는 할부 구매에 대한 수요가 상당했음에도, 업계를 장악하고 있던 포드의 반대로 현금 또는 딜러들에게 개별적으로 돈을 빌리는 방식으로만 구매가 가능했다. 포드가 할부 제도보다 생산성 향상을 통해 자동차의 단가를 낮추는 데 몰두해 있었기 때문이다. 이에 존 라스콥은 1919년부터 금융 전문 기업 GMAC[General Motors Acceptance Corporation]를 GM의 자회사로 설립하면서, 판매한 자동차를 담보로 잡는 방식으로 포드가 놓친 시장을 파고들기로 한다.

GM이 할부 판매를 시작하자, 소비자들은 GM의 제품에 조금씩 관심을 보이기 시작했다. 특히 1920년대 미국 경기가 호황으로 들어서면서부터 이런 현상은 더욱 가속화되었다. 광란의 20년대[Roaring Twenties]라는 표현이 나올 정도로 많은 사람들이 할부 제도를 이용해 GM의 최신형

할리 얼(Harley J. Earl)의 캐딜락 엘도라도(Cadillac Eldorado)

제품 디자인과 브랜드의 개념을 본격적으로 대량 생산에 도입한 것은 GM이었다. GM에 의해 최초로 제조사 내부에 디자인 부서(당시 미술과 색채 부서, the Art and Color Section)가 만들어졌고, 여기서부터 카 스타일링(Car Styliing)이라는 개념이 생겨난다. 이때부터 효율성만을 고집해 온 포드는 GM을 넘어설 수 없었으며, GM은 포드가 만들어낸 대량 생산 패러다임을 대중 소비의 단계로 끌어올릴 수 있었다.

출처 : gmauthority.com

자동차를 구매했고, 1926년엔 전체 판매량의 75%가 할부로 채워질 정도로 할부 판매에 대한 비중이 높아졌다. 할부 판매는 소비자들이 자신의 소득에 비해 좀 더 비싸고 고급스러운 모델을 선택할 수 있는 기회를 제공했으며, 이 과정에서 자동차는 획기적인 탈 것, 이동을 보조해주는 교통수단이 아닌, 품위와 신분을 나타내는 재화로 변해갔다. 시장은 더욱 다채롭고 다양한 종류의 자동차를 원했고, 단일 모델만 강조해온 포드보다 브랜드 선택권이 있었던 GM이 더욱 각광을 받는다.* GM의 캐딜락Cadillac 브랜드는 부유층을 위한 고가의 자동차를 타깃으로 잡았으며, 올즈모빌Oldsmobile은 그 바로 아래 계층을 담당했다. 중산층을 겨냥한 중가 모델은 뷰익Buick과 폰티악Pontiac이 맡았고, 쉐보레Chevrolet는 포드 모델 T와 가격 경쟁을 벌였다.** 결국 GM의 할부 정책과 다변화된 브랜드 전략은 자동차 산업에 있어 그동안 존재하지 않았던 새로운 소비 욕망을 창출해냈으며, 이후 포드는 역사상 단 한 번도 GM을 넘어서지 못한다. 이는 생산성이 가장 중요한 과제이던 당시의 산업계에 나타난 다변화된 대중적 소비 시장접근이었고, 브랜드 전략에 대한 중요성을 증명해낸 하나의 사건이 된다.

* ───

GM의 성공에는 1923년부터 GM의 CEO를 맡은 알프레드 슬론Alfred Sloan의 역할이 컸다. 당시 GM은 캐딜락, 올즈모빌, 뷰익, 폰티악, 쉐보레 등 여러 브랜드들을 인수합병 형태로 묶어 두었기 때문에 중앙의 통제력이 전혀 작동하지 못했다. 개별 브랜드들에 대한 자세한 생산 계획, 재고 데이터는 공유되지 않았고, 심지어 브랜드들 간에 가격대까지 서로 겹치면서, 심한 판매 간섭에 시달리고 있었다. 슬론은 일단 중앙부서의 권한을 강화하여, 각 브랜드 타깃층을 새롭게 정비했으며, 중앙부서를 통해 설비와 원자재 등을 통합 관리하는 방식으로 포드에 대항할 만큼의 생산 효율성을 끌어 올렸다. 이와 함께 GM이 여러 회사의 연합 구조라는 것을 분명히 인정하면서, 디테일한 의사결정은 전적으로 일임하는 분권형 조직 체계를 수립했다. 이는 중앙부서의 거시적인 전략을 바탕으로 하위 브랜드가 개별 제품 전략에 집중하는 현대적인 경영 기법의 토대가 된다. GM이 달성한 브랜드 전략 뒤에는 이러한 슬론의 경영능력이 자리하고 있었다.

** ────────────────────────────────

GM의 브랜드 전략 구체화는 주로 스탠포드대^{Stanford University} 출신의 산업 디자이너 할리 얼^{Harley J. Earl}을 통해 이뤄졌다. 할리 얼은 스탠포드를 중퇴하고 아버지의 자동차 회사인 얼 오토모티브^{Earl Automotive Works}에서 헐리우드^{Hollywood} 스타들을 위한 드림카를 제작하던 중 1927년 캐딜락^{Cadillac} 사업부 책임자인 로렌스 피셔^{Lawrence Fisher}의 제안으로 GM에 입사한다. 당시 제조사가 디자이너를 채용하는 것은 매우 이례적인 일이었지만, GM의 CEO 알프레드 슬론이 브랜드 다변화 전략을 위해 디자인에 주목하고 있었기 때문에 할리 얼은 입사와 함께 막강한 결정 권한까지 부여받았다. 할리 얼은 GM의 다양한 브랜드가 각자의 고유한 아이덴티티를 가질 수 있도록 차별화된 디자인을 도입했고, 우아한 유선형의 차체와 테일 핀^{Tail}

존 라스콥(John J. Raskob), 1879~1950
존 라스콥은 가장 고가의 내구재였던 자동차를
할부로 판매할 수 있는 시스템을 만들어
본격적인 대중 소비의 길을 열었다.

^{Fin}, 크롬^{Chromium} 도금 등 자동차 스타일링의 선구적 결과물들을 내놓는다. 할리 얼은 역사상 가장 영향력 있는 디자이너라고 불렸을 만큼 GM의 브랜드 강화에 구심점 역할을 했으며, 1937년에는 GM의 부사장에 오른다.

참고자료

앨프리드 P. 슬론 2세 저, 심재영 옮김, [앨프리드 슬론의 회고록: 나의 GM 시절],
　　북코리아(2013), 418~431쪽
윌리엄 펠프레이 저, 박정태 옮김, [비전, 열정, 창의: GM을 만든 기업가 정신],
　　굿모닝 북스(2011), 291~308쪽
월터 A. 프리드먼 저, 조혜진 옮김, [세일즈맨의 탄생], 말글빛냄(2005), 279쪽
루스 슈워츠 코완 저, 김명진 옮김, [미국 기술의 사회사], 궁리출판(2012),

388~392쪽

H. Eugene Weiss 저, [Chrysler, Ford, Durant and Sloan: Founding Giants of
the American Automotive Industry], McFarland & Company(2003),
90~97쪽

William J. Duiker, Jackson J. Spielvogel 저, [Cengage Advantage Books:
World History, Complete], Cengage Learning(2012), 977쪽

-||||-

4

생산자 중심에서
소비자 중심으로 전환되다

미국 시장에 대량 생산 시스템이 자리 잡기 시작할 무렵 유럽은 큰 혼란 속에 빠져 있었다. 1914년 유럽 강대국들과의 식민지 쟁탈전에서 열세에 몰린 독일이 갑자기 도발을 일으키며, 유럽 전역을 제1차 세계 대전으로 몰고 갔던 것이다. 금방 끝날 것으로 예상됐던 전쟁은 천만 명 이상이 사망하고, 전 유럽이 초토화 되는 최악의 전쟁으로 번졌다. 이 당시 중립을 선언했던 미국은 종전을 1년 앞둔 1917년 비로소 참전을 결정하지만, 본토가 멀리 떨어져 있었던 탓에 전쟁 중 별다른 피해를 입지 않으면서, 전 세계 경제의 중심지로 떠오를 수 있는 기회까지 잡게 된다.

전쟁에 휘말린 유럽 국가들은 쌓아둔 물자를 통해 전쟁을 치러갔으나, 예상 외로 길어진 전쟁 속에서 무리한 채권을 발행하는 등 자금난을 겪어야 했다. 때문에 미국의 참전은 상대국 독일에겐 악재로 작용했으며, 1918년 완전한 항복의 원인으로 이어진다. 생산설비가 초토화된 유럽은 종전 후 미국으로부터 물자를 계속 수입해야 했는데, 이 덕분에 미국은 전 세계 제조업의 약 42%를 차지할 정도로 빠르게 성장할 수 있었다. 전쟁 전 37억 달러에 달했던 미국의 채무는 전쟁 후 125억 달러의 채권으로 변해 있었으며, 미국 시장은 호황에 출렁였다. 심지어 세계 최강의 승전국이라는 도취감마저 사회 전반에 팽배했다. 미국의 황금기를 상징하는 화려한 아르데코^{Art Deco} 스타일의 엠파이어 스테이트 빌딩^{The Empire State Building}이 계획된 것도 바로 이 시기였던 것을 보면, 광란의 20년대^{Roaring Twenties}라는 표현조차 과하지 않아 보인다. 기업의 가치를 사고파는 주식시장에도 열풍이 몰아쳤고, 미국 기업들의 주가는 무려 4배 이상 뛰어올랐다. 전쟁 기간 중 억제되었던 부동산 경기가 활성화되면서 플로리다 부동산 거품^{The Florida land boom}*이 발생할 정도로 미국 시장 전체가 호황에 빠져들었다.

* ─────────────────────────────

1920년대 경제 호황으로 노동자들에게 경제적인 여유가 생기고, 자동차의 보급이 늘어나자 국내여행이 활기를 띠기 시작했다. 많은 미국인들이 기후가 따뜻하고 아름다운 해변을 가진 플로리다^{Florida}를 찾았는데, 이는 곧바로 플로리다 부동산 가격 상승으로 이어졌다. 여기에 마이애미^{Miami} 주 정부가 주택 공급에 민첩하게 대응하지 못하면서, 1925년 한 해에만 부동산 가격이 4배나 뛰어오르는 엄청난 거품이 형성되었다.

이러한 분위기 속에서 위기의 신호가 하나둘씩 나타났다. 먼저 1차 대전 중 경작지를 크게 늘린 농촌의 부실 문제*가 터져 나왔고, 전쟁 후 미국에 쌓인 엄청난 무역 흑자도 필요 이상으로 경기를 과열시키고 있었다. 특히 당시의 금본위제는 무역흑자국인 미국에 막대한 금이 축적되게 만들었는데, 이는 곧바로 시중 통화량 증가로 이어져 미국 내 은행들로 하여금 이전보다 훨씬 많은 양의 신용을 발행하게 만들었다.** 신용은 곧장 공장과 기업으로 흘러들어가 자동차, 철강, 건설 등 산업 전반의 무분별한 생산 증가를 야기했으며, 필요 이상의 재화를 찍어내게 했다. 생산량이 가득 차 한계에 부딪히면, 유동자금은 또다시 주식 시장으로 이동하여 기업의 실질 이윤이 증가하는 속도보다 숫자상의 가치가 먼저 상승해버리는 거품을 만들어냈다. 1920년대 미국 증시가 무려 4배 이상 뛰어오른 것도 바로 이 때문이었다.

*————————————————————————

1차 세계 대전 중 유럽에서부터 미국으로 밀 수출 요청이 밀려들었는데, 이는 기존의 5배가 넘는 수준이었다. 이에 대응하기 위해 대규모 자본이 농촌에 투입되지만, 전쟁 후 모두 부채로 남게 되었다. 미국 국회는 이런 농촌 경제와 금융기관의 부실을 우려하여 농업 최소 생산비를 보장해 주는 맥네리-호겐 법안McNary-Haugen Bill 등을 추진하지만, 정치적인 이유로 통과되지 못했다. 당시 농촌의 부실은 훗날 대공황The Great Depression의 원인 중 하나로 지목될 정도로 심각한 문제였다.

당시에는 한 나라가 무역흑자를 달성하면, 해당 국가의 금 보유량도 함께 증가했다. 이는 1920년대 주요 선진국들이 모두 금본위제를 채택하고 있었기 때문이었다. 금본위제는 통화 가치가 금과 연계되는 화폐 제도로서, 금본위제를 채택한 국가는 보유한 금의 양만큼만 자국의 화폐를 찍어낼 수 있었고, 화폐는 언제든지 금과 교환이 가능했다. 때문에 대외무역에서 흑자를 기록하면, 그만큼의 금이 증가한 것과 동일한 효과가 나타났다. 미국의 금 보유량은 전쟁 발발 후인 1915년부터 급증세를 보였으며, 1915년에만 무려 22% 증가했고 1916년에도 22% 그리고 1917년에는 11%가 늘어났다. 이후로도 미국의 금 보유량은 1924년까지 연평균 10%의 꾸준한 증가세를 보인다.

또, 소비성 내구재의 주축을 담당하는 건설 경기에서도 문제가 발생했다. 이는 폭증했던 경기 성장률만큼 인구가 충분히 증가하지 못한 것이 원인 중 하나였는데, 건국 이후 끊임없이 유입되던 이민자의 숫자가 1921년 미국 정부의 이민법 강화로 급격히 감소하면서 건설경기 침체를 일으킨 것이다.* 제반 산업이 복잡하게 연결된 건설 경기의 추락은 미국 경제에 위험 신호를 증폭시킬 수밖에 없었고, 연방국가 형태의 미 정부는 이런 사태에 적절한 금융 대책을 내놓지 못했다. 건국 이념상 각 주의 자치권은 지금보다 훨씬 엄격히 보장되고 있었으며, 금융 시스템 역시 분산된 연방은행에서 개별적으로 관리되는 중이었다. 이런 시스템은 경제 위기가 닥쳤을 때, 국가 차원의 신속한 대응을 어렵게 만들었고, 광란의 황금기를 구사하던 미국 경제를 심각한 침체기로 접어들게 했다.

* ───

1920년대 미국의 경제성장률은 42%에 이르며 황금기를 구사했으나, 인구의 순증은 14% 남짓으로, 1910년대 증가율과 큰 차이를 보이지 않았다. 미국 정부는 범죄 등 다양한 부작용을 이유로 이민법 강화를 추진했고, 1921년부터는 국가별 쿼터시스템Emergency Quota Act까지 도입하면서 연간 이민자 숫자를 엄격히 통제하기 시작했다.

출발은 주식시장이었다.

1920년대를 마감하는 마지막 해인 1929년 10월 24일 목요일. 뉴욕 증시가 갑작스럽게 고점 대비 20% 폭락한다. 평소 400만 주 정도 거래되던 주식시장에는 이 날만 1290만 주가 쏟아져 나왔고, 시장은 패닉에 빠졌다. 위기를 직감한 시카고, 버팔로 거래소는 정오부터 아예 문을 닫아 버렸다. 미국 GDP의 12.5%에 해당하는 95억 달러가 순식간에 시장에서 사라졌으며, 그날 하루에만 11명의 투자자가 자살을 선택할 정도로 충격은 엄청났다.* 이후 진정 기미를 보일 줄 알았던 주식시장은 주말을 지나 다시금 폭락을 이어갔다. 10월 28일 월요일엔 13%, 검은 화요일로 불리는 29일엔 12%가 연이어 폭락했고, 시가총액 300억 달러가 순식간에 증발했다. 잘나가던 GM의 주식 역시 73달러에서 16달러까지 내려앉았으며, 미국 증시는 1932년까지 끝을 알 수 없는 침체기에 빠져들었다. 20세기 최악의 경기침체, 이것을 우리는 대공황^{The} _{Great Depression}이라고 부른다.**

* ———————————————————————————

당시 주식시장이 역대급 호황을 거듭하면서, 증권 계좌를 개설한 미국인이 150만 명을 넘어선 상태였고, 주식투자를 위한 차입금이 70억 달러에 육박하고 있었다. 차입금에 대해선 연간 20%가 넘는 이자가 부가됐지만, 주식시장이 끊임없이 오를 거란 기대감에 너도나도 대출을 받아 주식에 집어넣는 사태가 벌어졌다. GM과 듀폰의 CFO이자 민주당 의장이었던 존 라스콥^{John J. Raskob}은 "Everybody Ought to be Rich(모두는 부자가 되어야한다)"라는 칼럼을 통해 모든 미국인들에게 주식투자를 권유하기도 했다. 그는 매주 15달러를 주식에 투자한다면 20년 후에는 8만 달러의 목돈 및 월 400달러의 고소득을 올릴 수 있다는 논조를 폈는데, 그만큼 많은 이들이 당시 주식시장의 전망을 믿었다. 이런 위험한 투자 기조 때문에 미국의 주식시장은 약간의 위기 신호에도 비이성적으로 출렁이게 되었다.

** ———————————————————————————

주식시장에서 시작된 대공황은 곧바로 실물경제로 옮겨갔다. 주식시장 폭락 다음 해인 1930년, 갑작스럽게 뉴욕의 유나이티드 스테이츠 은행^{Bank of United States}이 파산하는 사태가 벌어진다. 이전에도 몇몇 소규모 은행이 파산한 적은 있었지만, 이 정도 대규모 은행의 파산은 전례 없는 일이

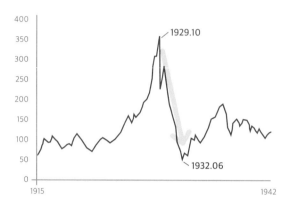

대공황 시기의 미국 증시 그래프

대공황 시기의 미국 주식시장을 살펴보면 1929년 10월 이전 5~6년 동안 급격한 상승기를 보인다. 1920년대 미국 경제가 생산과 소비의 측면에서 모두 폭발적인 성장세를 보이고 있었던 것은 맞지만, 이를 감안하더라도 주식시장에는 분명 실물경제를 추월한 거품이 존재했다. 당시 주식시장의 과열 속에 전문 지식을 갖추지 못한 많은 일반인들이 주식시장에 뛰어든 상태였고, 이들은 대부분 대규모의 차입금을 발행하는 방식으로 무리한 주식투자를 이어갔다. 때문에 과열된 증시와 시장에 남발된 통화량을 우려한 연방준비제도가 금리를 인상하려는 순간, 투기성 매물들이 급격하게 쏟아지면서 1929년의 사태를 초래했다.

출처: The Econ Review. N.p., n.d. Web. 1 Nov. 2014.

단위 : 달러

었다. 문제는 이것이 도화선이 되어 그동안 부실에 시달려오던 미국의 소규모 은행들을 한꺼번에 금융 위기 속으로 밀어 넣은 것이다. 먼저 1차 대전 후 대규모 부실을 떠안은 농촌지역 은행들이 파산했고, 미국 전역에 걸쳐 9천 개가 넘는 은행들이 연쇄적으로 쓰러졌다. 이러한 사상 초유의 사태로 인해 금융권은 시중의 자금을 급격히 회수할 수밖에 없었는데, 이로 인해 실물경제는 회복하기 힘든 엄청난 충격을 받았다. 금융 위기가 본격적으로 미국 경제를 무너트리는 순간이었다.

대공황 발생 이후 3~4년 동안 산업 전반의 투자는 약 87% 축소되었으며, 10만 개 가까운 기업이 시장에서 사라졌다. 미국 내수 산업을 이끌던 자동차의 판매는 무려 75% 가까이 증발했다. 주가는 정점 대비 89.2%가 빠졌고, 실업자는 1300만 명, 체감실업률은 40~50%를 넘어서고 있었다. GDP는 1933년까지 약 26.5%가 내려앉았는데, 2009년 서브프라임 사태 때 미국의 GDP 하락률이 2.8% 남짓이었던 것을 보면 당시의 충격이 얼마나 컸는지 짐작할 수 있다. 기업의 창고에는 팔리지 않은 물건들이 가득했고, 한편에는 굶어죽는 사람들이 생겼다. 그야말로 인류 사상 최악의 경제 위기였던 것이다. 사실 자본주의 시장경제에서 호황과 불황의 반복은 이례적인 일이 아니다. 대공황 이전에도 크고 작은 침체기가 여러 번 있었고, 1907년에도 샌프란시스코 지진 등의 여파로 금융위기를 겪은 전례가 있었다. 하지만 1929년 시작된 대공황은 10여 년 가까이 이어질 만큼 대단한 충격을 주었으며, 미국을 넘

대공황은 소비를 극도로 위축시켰고, 기업들에게 전혀 다른 형태의 소비 시장을 경험하게 만들었다.

어 전 세계로 영향이 퍼져갈 정도로 규모가 거대했다.[*]

이런 경제적인 사건들이 브랜드를 관찰하는 데 있어서 중요한 이유는 오랜 시간 이어진 시장의 깊은 침체가 당시 기업들에게 전혀 다른 형태의 소비 시장을 경험하게 만들었기 때문이다. 특히 1920년대 소비 증폭을 이끌었던 할부 제도의 쇠락은 이런 변화의 주요 원인이 된다. 대공황의 여파로 고용이 크게 감소하자 더 이상 노동자들은 할부로 물건을 구매할 수 없게 되었고, 기업들은 물건만 만들어내면 돈이 벌리던 시절에서 생산자 중심 시대가 끝났음을 직감해야 했다. 변화의 소용돌이 속에 상당히 많은 기업들이 쓰러졌으며, 살아남은 기업이라 할지라도 엄청난 고통을 겪었다. GM 역시 수요가 붕괴된 고급 차량 및 중형급 모델들과 대규모 생산라인을 일시에 정리했고, 저가의 쉐보레 브랜드만 남겨야 할 정도였다. 하지만 동시에 이와는 정반대로 위기를 본격적으로 이용하려는 기업들도 나타났다. 이들은 소비자 중심으로 변해가는 시장을 정확히 인지하고 있었고, 소비자를 분석하여 불황 속에서도 살아남을 수 있는 방법을 습득해갔다. 대공황으로 경쟁사들의 산업투자가 급감하자, 오히려 경쟁력 있는 제품개발을 위한 연구개발에 막대한 투자를 감행하기도 한다. 치열한 시장 상황 속에 더 많은 제품을 판매할 수 있는 자신들만의 방법, 바로 소비자 중심의 시장 변화를 활용하는 본격적인 브랜드 마케팅^{Brand Marketing}이 전면에 등장하기 시작한 것이다.

참고자료

진 스마일리 저, 유왕진 옮김, [세계 대공황: 80년 전에도 이렇게 시작됐다],
　　　지상사(2008), 27~50쪽
찰스 페인스턴, 피터 테민, 지아니 토니올로 저, 양동휴, 박복영, 김영완 옮김,
　　　[대공황 전후 유럽경제], 동서문화사(2000), 27~38쪽
차명수 저, [금융 공황과 외환위기, 1870~2000], 아카넷(2004), 95~96쪽
밀턴 프리드먼, 안나 J. 슈워츠 저, 양동휴, 나원준 옮김, [대공황. 1929~1933년],
　　　미지북스(2010), 93~107쪽
양동휴 저, [대공황 시대], 살림출판사(2015), 12~20쪽
양동휴 저, [1930년대 세계 대공황 연구], 서울대학교출판부(2000), 5쪽
James S. Olson 저, [Historical Dictionary of the Great Depression,
　　　1929~1940], Greenwood(2001), 4~7쪽

5

P&G가 최초로
현대적인 브랜드를 말하다

대공황을 탈출하기 위해서는 분명히 새로운 방식의 시장 접근이 필요했다. 극도의 침체기 속에서 소비를 담보로 한 대량 생산 유지는 자멸에 가까웠고, 단기적인 손익을 맞추는 것조차 기대할 수 없었기 때문이다. 하지만, 소비자 중심의 시장 변화를 주시하고 있던 기업들은 조금 다른 생각을 가지게 된다. 그들은 시장이 깊은 침체기에 들어가더라도 제품의 경쟁력만 소비자들에게 각인시킬 수 있다면, 오히려 후발주자들을 고사시켜 더욱 독보적인 점유율 차지가 가능하다고 판단했다. 이때부터 브랜드는 단순히 상품을 구분 짓는 물리적인 속성을 넘어, 소비자와의 무형의 관계 속에서 호감과 신뢰를 쌓아가는 현대적인 개념에 좀 더 가까워진다.

이런 시각을 경영 일선에 가장 먼저 반영한 기업은 바로 P&G^{Procter &}

Gamble다. 미국의 생필품 제조사인 P&G는 고품질 세탁비누 옥시돌Oxydol 출시 2년 만에 대공황을 겪게 되는데, 신제품 홍보를 위한 기존의 대규모 마케팅이 더 이상 동작하지 못한다는 것을 깨닫고, 제품을 알릴 수 있는 새로운 방안을 모색한다. 그중에서 가장 주목을 받았던 것이 광고 에이전시인 B-S-HBlackett-Sample-Hummert와 함께 제작한 Ma Perkins라는 라디오 드라마였다.* 1933년부터 미국 NBC를 통해 송출된 Ma Perkins는 여성과 주부층을 겨냥한 휴먼 드라마로 주인공들이 극중 옥시돌을 언급하는 방식으로 제품을 노출했으며, 방송 앞뒤로 광고를 붙여 주요 청취자들이 옥시돌 브랜드에 익숙해지게끔 했다. 드라마의 회차가 증가할수록 청취자들은 옥시돌을 주인공들이 사용하는 우수한 품질의 비누로 인식하기 시작했고, 브랜드에 대한 막연한 호감이 형성되면서 매출 역시 빠르게 늘어났다. 물론 옥시돌의 품질이 뛰어났던 것도 큰 역할을 했지만, 소비자와의 관계 형성에 투자한 꾸준함이 점차 효과를 나타낸 것만은 분명했다. 이런 P&G의 전략은 소비자들이 경쟁사의 제품보다 P&G의 제품에 충성도를 갖게 하는 효과를 만들어 냈으며, 실물경제의 어려움 속에서도 P&G가 50%에 가까운 시장 점유율을 기록하는 원인이 된다. 실제 40%의 소비 감소와 함께 시작된 대공

Ma Perkins 드라마 출연진의 모습

P&G는 미국 시장이 대공황에 진입한 이후 무분별한 마케팅을 지양하고, 소비자의 충성도를 끌어모을 수 있는 브랜드 전략에 집중했다. 라디오 드라마는 이런 전략이 가장 먼저 구체화된 사례였으며, 비누회사가 제작했다고 해서 이러한 드라마를 솝 오페라(Soap Opera)라고 부르기도 했다.

Ma Perkins는 미국 남부의 작은 마을인 러쉬빌(Rushville)에서 벌어지는 미국인들의 소소한 일상을 담은 드라마로, P&G는 이 드라마를 무려 27년이나 후원했다. Ma Perkins의 영향력 아래 옥시돌은 꾸준한 소비자 충성도를 유지해냈고, 1950년대 새로운 개념의 세제인 타이드가 등장할 때까지 미국 세탁비누 시장을 장악할 수 있었다.

황 기간 내내 P&G는 단 한 번도 적자를 보인 적이 없었고, 인원과 설비 축소도 거의 진행하지 않았다. 이후 P&G는 브랜드를 하나의 무형 자산으로 간주하여, 소비자를 겨냥한 브랜드 평판과 신뢰에 주목하기 시작했으며, 이를 통해 더 이상 생산자가 우위에 설 수 없는, 소비자 중심으로 변해버린 대공황이라는 침체기를 버텨낼 수 있었다. 대공황 말미인 1937년에는 2억 달러 매출과 2700만 달러의 이익을 거두면서, 미국 최대의 생필품 제조업체임을 증명했다.** 대공황이 P&G에게는 커다란 브랜드 모듈레이션의 장으로 작용했던 셈이었다.

*——————————————————————————

Ma Perkins의 성공으로 P&G는 라디오라는 매체의 효율성을 입증해낼 수 있었다. 라디오는 신문과 달리 시간대별로 청취자가 달라지고, 하루를 여러 생활단위로 쪼개서 광고와 연결시킬 수 있기 때문이다. 또한 방송 컨텐츠에 따른 청취자층 구분도 가능했다. 30년대 초반 라디오 브랜드 마케팅에 2백만 달러를 집행하던 P&G는 1939년 9백만 달러까지 규모를 확대했고, 이런 숍 오페라에 대한 후원을 19개까지 늘려갔다. 반면에 신문, 잡지 등 다른 마케팅 예산은 그 절반 수준으로 줄였다. P&G가 얼마나 라디오라는 매체를 적극적으로 활용했는지 알 수 있는 대목이다.

**——————————————————————————

P&G가 이렇게 소비자 중심의 시장 변화를 읽어내며 대공황에 대응할 수 있었던 것은 그들의 경영 철학 전반에 소비자에 대한 깊은 이해가 자리

리처드 듀프리(Richard Deupree), 1885~1974

1930년대 P&G의 CEO이던 리처드 듀프리는 주주들의
반대에도 불구하고, 라디오를 통한 브랜드 구축에
도전했다.

잡고 있었기 때문이다. 1837년 윌리엄 프록터[William Proctor]와 제임스 갬블[James Gamble]에 의해 설립된 생필품 제조기업 P&G는 창업 초기부터 소비자를 대상으로 한 제품 홍보에 큰 관심을 보여왔다. 19세기 당시의 제품 홍보 방식은 지역 신문에 유통 도매상들을 위한 광고를 내거나 지역 단위의 매장들을 찾아가 열심히 영업을 하는 것이 일반적이었지만, 제품력에 자신감이 강했던 P&G는 소비자를 직접적으로 겨냥하는 광고에 주목했다. 제품을 소비하는 당사자인 소비자가 제품 본연의 매력을 훨씬 더 잘 이해할 것이라고 믿었던 것이다. 이런 전략이 규모화되었던 첫 번째 사례는 1882년 미국 전역에서 진행된 아이보리[Ivory] 마케팅이다. 비누를 제조하던 중 원료가 고온에 노출되면서 우연히 발명된 아이보리 비누[Ivory Soap]는 99.44%의 놀라운 순도를 보였던 우수한 제품이었는데, P&G는 이 비누의 품질을 알리기 위해 역대 최대의 광고금액인 11,000달러를 집행하

여 최초로 전국 단위 마케팅을 펼친다. 이전까지 가까운 상점에서 필요한 만큼 덩어리 비누를 잘라 구매하던 소비자들은, 마케팅 이후 아이보리라는 특정 비누를 지목하여 찾기 시작했고, 아이보리는 단숨에 미국에서 가장 유명한 비누로 떠올랐다. 유통상을 건너뛰고 곧바로 소비자와 소통했던 아이보리 마케팅은 규모와 방법 면에서 최초의 근대적인 마케팅이었으며, P&G가 소비자 중심의 경영이념에 확신을 갖는 중요한 사건이 된다. P&G는 이 같은 방식의 대규모 마케팅을 통해 주방용 비누인 화이트 나프타^{White Naptha}와 식물성 기름을 활용한 쇼트닝인 크리스코^{Crisco} 등의 제품을 연이어 히트시켰으며, 본격적인 브랜드 마케팅 기업의 면모를 갖춰갔다.

참고자료

데이비스 다이어, 프레더릭 댈즐, 로웨나 올레가리오 저, 권오열 옮김,
    [브랜드 제국 P&G], 거름(2005), 96~100쪽
Rosanne Welch, Peg A. Lamphier 저, [Technical Innovation in American
    History], Chemical Heritage ABC-CLIO(2019), 202~203쪽
최원주 저, [브랜드 커뮤니케이션], 커뮤니케이션북스(2005), 12~15쪽
Matthew E Hermes 저, [Enough for One Lifetime: Wallace Carothers,
    Inventor of Nylon], Chemical Heritage Foundation(2005), 242~243쪽
Alecia Swasy 저, [Soap Opera: The Inside Story of Proctor & Gamble],
    CrownO(1993), 73~81쪽

-||||||-

6

대규모 자본이
새로운 브랜드를 창조하다

대공황을 새로운 시각으로 접근했던 또 다른 사례는 미국 시장의 엄청난 호황 속에 축적된 막대한 자금력이 만들어낸 대규모 연구개발 Research & Development, R&D 을 꼽을 수 있다. 여기에 1920년대 황금기를 이끌었다는 자신감이 융합되며, 공격적인 투자로 대공황을 정면 돌파하려는 기조가 나타났다. 그리고 그 중심에는 엄청난 부가가치를 창출할 수 있는 최첨단 화학산업이 있었다. 자연 또는 인공의 원료에서 기존에 없던 신소재를 개발해내는 화학산업은 원래 프랑스, 독일 등 유럽 기업들이 주도해왔으나, 1차 대전 후 주 무대가 미국으로 옮겨지며, 엄청난 자본력을 가진 미국 기업들을 끌어들였다.

이 중에서 브랜드의 관점으로 바라볼 만한 가치가 있는 기업은 바로 듀폰DuPont 이다.* 산업 전반의 투자가 87%나 감소하던 대공황 중에

도 천문학적인 연구개발비를 투자하여, 나일론[Nylon] 등 세상을 바꿔놓을
만한 브랜드들을 개발해냈기 때문이다. 듀폰은 19세기부터 무연 화약,
다이너마이트 등의 제조로 엄청난 돈을 벌어들인 미국 최대 화약 제조
기업이었지만, 1912년 연방정부의 반독점법 제소 후 기업을 강제 분할
당하는 위기에 놓인다. 자동차 산업인 GM의 경영에 참여한 것도 이때
부터이고, 화학산업에 관심을 가지게 된 배경에도 이런 불가피한 사연
이 있었다. 다만 화학산업은 기존 화약 제조기술과의 연관성이 매우 높
았으며, 신소재 개발에만 성공할 수 있다면 무기 산업 이상의 수익 창
출을 기대할 수 있는 분야였다. 이에 듀폰은 1928년부터 미국 기업 최
초로 내부에 연구개발 전문 부서인 중앙연구소[DuPont Central Research]를 설
치하는 방식으로 화학산업에 적극적으로 참여했다.**

* ───

듀폰은 1802년 프랑스의 유명한 화학자 라부아지에[Antoine Laurent de Lavoisier]
의 제자였던 엘뢰테르 이레네 듀폰[Éleuthère Irénée du Pont]에 의해 설립되었다.
초창기 듀폰은 무연 화약과 다이너마이트 등을 생산하여 큰돈을 벌었는
데, 듀폰이 미국 폭발물 시장에서 50% 이상의 점유율을 차지하자, 연방

정부가 반독점법 기소를 통해 듀폰의 확장에 제동을 건다. 결국 듀폰은 1912년 허큘리스Hercules Inc.사와 아틀라스Atlas Chemical Industries Inc.사를 강제 분할당하며, 매출의 상당수를 빼앗겼다. 다행히 1914년부터 발발한 제1차 세계 대전으로 천문학적인 매출을 올리지만, 전쟁에만 기대고 있을 수 없던 그들은 군수산업 외에 또 다른 성장 동력을 찾아야 했다. 이때 선택한 사업 다각화 중 하나가 GM의 경영참여이고, 당시 이를 주도한 인물이 GM의 자동차 할부 제도를 도입한 존 라스콥John Jakob Raskob이다.

** ————————————————————————————————

물론 듀폰 이전의 미국 기업들이 R&D에 주목하지 않았던 것은 아니다. 포드의 대량 생산에 관한 깊은 연구가 모델 T를 탄생시켰고, 토마스 에디슨Thomas Alva Edison이 만든 GEGeneral Electric 역시 끊임없는 연구개발을 통해 성장했다. 하지만 단기 실적에 연연하지 않으면서 대규모의 예산, 특히 장기간의 순수 연구개발에 올인할 수 있는 환경을 조성한 사례는 듀폰이 최초라고 할 수 있다.

듀폰의 중앙연구소는 하버드 대학Harvard University 교수 출신인 월리스 캐러더스Wallace Carothers* 박사를 책임자로 영입하며 야심차게 출범하지만, 연구를 시작한 지 1년 만에 대공황을 맞게 된다. 그럼에도 듀폰의 경영진은 연구개발을 중단하지 않았고, 화학산업에 대한 확신을 바탕으로 신소재 개발에 더욱 많은 자금을 쏟아붓기로 한다. 이후로 7년 간 무려 2700만 달러가 투자되었으며, 이러한 노력의 결과로 탄생한 것이 20

나일론은 여성들의 스타일을 근대적으로 변모시킨 주역이 됐으며, 저렴한 가격과 우수한 품질로
현대인의 의복생활을 개선하는 데 크게 기여하게 되었다.

세기 최대의 발명품 중 하나로 일컬어지는 나일론^{Nylon}** 섬유이다. 나일론은 '석탄과 공기와 물로 만들어 거미줄만큼 탄성 있고 강철만큼 강한 인류 최초의 합성섬유'^{The first man-made organic textile fiber which was derived from coal, water and air and promised to be as strong as steel, as fine as the spider's web.} 라고 불릴 정도로 당시 많은 언론의 관심과 집중을 받았다. 이후 1940년 나일론 원료로 제작된 스타킹이 정식 판매를 시작했을 때, 발매 당일 3만 명 이상이 몰려들어 초기 물량 400만 켤레를 사흘 만에 매진시켰고, 다음 해까지 듀폰은 3400만 달러의 매출을 거둬들일 수 있었다. 이는 듀폰의 7년 동안의 연구개발비를 능가하는 금액이었다. 듀폰의 공격적인 투자가 드디어 거대한 성과로 나타난 것이다.

＊────────────────────────────────

월리스 캐러더스^{Wallace Carothers}는 일리노이 대학^{University of Illinois}에서 박사학위를 받던 시절부터 이미 미국의 유명한 화학자였다. 1927년 듀폰은 캐러더스에게 영입 제안을 하지만, 당시에는 학자들이 기업에 고용되어 연구를 진행한 사례가 없었기 때문에 합의가 쉽게 이뤄지지 않았다. 이에 듀폰은 순수과학 분야의 연구를 장기간 보장한다는 약속과 함께 대학 연구소의 두 배 연봉을 제안하며 가까스로 영입을 성사시키지만, 대공황이 도래하자 듀폰의 경영진들 역시 연구성과의 상업화를 압박할 수밖에 없었다. 이런 스트레스를 이기지 못한 캐러더스는 우울증에 시달리다 나일론의 성공을 보지 못한 채 1937년 자살로 생을 마감했다.

**윌리스 캐러더스(Wallace Carothers),
1896~1937**

윌리스 캐러더스는 미국 기업 최초로 대규모
R&D를 통해 신제품을 개발하는 중요한 역할을
담당했다.

** ─────────────────────────────

영화 쉰들러 리스트^{Schindler's List}를 보면 2차 대전 당시 오스카 쉰들러^{Oskar Schindler}가 독일군 장교들을 매수하기 위해 스타킹을 뇌물로 준비하는 장면을 볼 수 있다. 그만큼 스타킹의 인기는 상당했고, 구하기도 어려웠다. 여기에 스타킹의 원사인 나일론이 전쟁 물자로 차출되면서부터 아예 스타킹을 구할 수 없게 되자 여성들은 다리 전체에 페인트를 칠해 스타킹을 신은 효과를 만들어 내기도 했으며, 스타킹을 신은 듯한 봉제선과 주름을 그려 넣는 다리 화장술까지 시도했다. 그만큼 스타킹은 경제적으로나 사회적으로 큰 반향을 일으킨 발명품이었다.

나일론 같은 첨단제품들이 초기 고성장을 달성한 사례는 좀처럼 찾아보기 힘들다. 듀폰의 나일론 발명은 단순히 하나의 신소재가 세상에 등장한 것 이상의 의미였고, 막대한 자금력을 통해 혁신적인 브랜드를 창출해낼 수 있다는 자신감의 발현이기도 했다. 특히 그 시기가 대공황 시대였다는 점에서 더욱 특별한 의미를 갖는다. 이때부터 미국 시장은 혁신적인 제품이 창출해내는 엄청난 부가가치를 인식하기 시작했으며, 연구개발을 중심으로 한 수많은 브랜드를 배출하기에 이른다. 이후 시대의 패러다임을 주도하게 될 컴퓨터, 전자 산업 그리고 인터넷 및 모바일 등 세상을 바꾸는 첨단 브랜드들은 언제나 미국 시장에서 먼저 나타났다.

참고자료

Rosanne Welch, Peg A. Lamphier 저, [Technical Innovation in American History], Chemical Heritage ABC-CLIO(2019), 194쪽

CCTV 다큐 제작팀 저, 허유영 옮김, [기업의 시대], 다산북스(2014), 317~323쪽

Robert Sickles, Robert J. Sickels 저, [The 1940s : American Popular Culture Through History], Greenwood(2004), 93~96쪽

Susan Smulyan 저, [Popular Ideologies: Mass Culture at Mid-Century], University of Pennsylvania Press(2007), 41~51쪽

생산성 증가가 브랜드를
모듈레이션하다

산업혁명은 영국에서 시작되었지만, 본격적인 규모의 경제를 달성한 것은 미국의 포드였다. 포드는 자동차 산업을 통해 최초로 대량 생산이라는 개념을 실현해냈고, 이를 산업계 전반으로 전파시켰다. 인류는 이 시점부터 풍족한 내구재 공급을 경험하게 되었으며, 할부 제도라는 소비촉진 방안을 만들어 기업의 생산을 뒷받침했다. 이후 GM이 대량 생산 시스템 내의 상품성 다변화에 성공하면서, 대량 생산과 소비가 균형을 이루는 최고의 호황기가 펼쳐지지만, 1920년대 후반에 시작된 대공황은 모든 것을 변화시키게 된다. 대공황 발생 후 3년 동안 미국 시장의 소비 중 40%가 사라졌고, 창고에는 악성 재고가 쌓여갔다. 기업들은 판매를 위해 더욱 치열한 경쟁에 내몰렸는데, 이 같은 과정에서 현대적인 브랜드의 개념이 나타난다.

소비자 중심으로 변해버린 시장은 대량 생산 시스템의 구축에만 기대던 대다수의 기업에 큰 고통을 안겨주었다. 그러나 이를 정확하게 인지하고 있던 기업에는 둘도 없는 성장의 기회이기도 했다. P&G는 소비자와의 밀접한 관계 형성을 전제로 한 브랜드 충성도 구축에 성공했고, 듀폰과 같은 거대 기업들은 막강한 자본력을 이용해 세상을 바꿔놓을 만한 브랜드들을 선보였다. 현대적인 브랜드는 이렇게 그 시작점을 찾아들어 갈 경우 인류의 총생산량 증폭의 과정과 맞물리며, 소비가 공급을 따라가지 못하는 상황 속에서 자연스럽게 발현되었다. 브랜드는 생산과 소비의 연결 관계를 꿰뚫어 본 기업들이 만들어낸 일종의 근대화된 판매전략 중 하나였지만, 동시에 급격한 생산성 증가가 모듈레이션해낸 결과물이라고도 할 수 있다. 이런 의미에서 포드와 GM, P&G와 듀폰 등은 브랜드를 개척한 1세대 기업이라고 부를 만하다.

| 2 |

글로벌
브랜드 시대

-|||||-

1

대공황이
전 세계로 번지다

1930년대 대공황을 새로운 방식으로 접근했던 브랜드들은 아쉽게
도 20년대 대량 생산 시스템의 성장 동력만큼 거대한 산업적 파급력을
보여주지 못했다. 이들은 극도로 침체된 시장 상황을 극복하는 데 주력
했기 때문에 결과적으로 개별 브랜드의 성공에만 머물렀다. 게다가 미
국 경제는 이러한 몇몇 호재에도 불구하고 사상 최악의 대공황에 점점
더 깊이 빠져들어 갔으며, 대공황을 통한 국제 무역 분쟁을 야기하면서
전 세계 경제를 파국으로 몰아넣었다.

유례없이 길어진 대공황을 이해하기 위해서는 이 당시 발생한 국제
무역 분쟁을 짚고 넘어가야 한다. 미국 시장이 대공황에서 쉽게 빠져나
올 수 없었던 원인 중 하나가 바로 이 무역 분쟁이었으며, 무엇보다 대
공황을 전 세계로 퍼트리는 결과를 낳았기 때문이다. 무역 분쟁의 단초

는 예상 외로 1920년 초 미국의 농촌에서 불거졌다. 1차 대전 중 식량 수출을 위해 농촌에 막대한 투자가 집행되었던 것이 종전 후 원자재 가격이 폭락하면서 대규모 부실로 돌아온 것이다. 그럼에도 미국 정부는 1920년대의 호황에 취해 이런 농촌 문제에 별다른 관심을 보이지 않았고, 1928년이 되어서야 비로소 스무트-홀리 관세법^{Smoot-Hawley Tariff Act} 등의 대안을 마련하기 시작한다. 스무트-홀리 관세법은 수입 농산물에 높은 관세를 부가하여 농촌 경제를 보호한다는 내용을 담고 있었는데, 이 법안이 논의되던 중 미국 시장이 대공황에 진입하자 미국 정부는 자국 내 실물경제 위축을 이유로 관세 범위를 수입품목 전반으로 확대했다. 이후 2만여 종의 수입품에 대해 최고 400%에 달하는 엄청난 관세가 책정되었고, 미국의 이러한 정치적인 결정은 국가 간 무역의 급격한 위축을 초래했다.

미국의 대규모 관세 책정은 곧바로 무역 상대국들의 공격적인 보복 관세로 이어졌다.* 미국의 가장 큰 교역국이었던 캐나다는 미국 농산물과 철강 제품에 30%의 보복 관세를 부과했고, 영국, 프랑스, 이탈리아, 스페인 등 유럽 국가들 역시 미국과의 교역에 높은 관세와 환율 통제**를 가했다. 호주, 뉴질랜드, 남아프리카는 아예 미국을 상대로 한 관세 동맹을 추진했으며, 남미와 쿠바는 본격적인 반미 체제로 돌아선다. 결국 전 세계 무역은 스무트-홀리 관세법이 발의된 후 3년간 66%가 증발하는 대혼란 속으로 빠져들어 갔고, 연쇄적인 세계무역의 붕괴를 일으키면서 미국에서 시작된 대공황을 전 세계로 퍼트리는 최악의 결과를 낳았다.

그런데 무역 전쟁에 동참한 국가들은 과연 이러한 무역 분쟁이 전 세계 경제에 막대한 타격을 줄 거라는 예측을 못했던 걸까? 서로 간의 보복관세가 불러올 이 같은 참담한 결과를 몰랐던 것일까? 이에 대한 다양한 주장이 있을 수 있지만, 무엇보다 금본위제에 입각한 통화정책에서 혼란의 원인을 유추해 볼 수 있다. 당시 유럽을 비롯한 전 세계 주요 국가들은 소유한 금의 양만큼만 자국의 화폐를 발행하는 금본위제를 채택하고 있었는데, 금본위제에서는 언제든지 자국의 화폐를 은행에서 금으로 교환할 수 있었다. 쉽게 말해 외형상으로는 화폐가 무역에 사용되고 있었지만, 실질적으로는 금이 오고 가는 것과 동일한 형태였던 것이다. 이런 금본위제는 결국 무역 적자국의 금이 무역 흑자 국가로 흘러가는 문제점을 낳으면서, 해당 국가를 유동성 위기에 빠트리곤 했다. 당연히 각국의 정부는 금 보유량이 줄어드는 것에 대해 상당한 두려움이 있었고, 무역 적자에 민감하게 대응할 수밖에 없었다. 게다가 무역 전쟁을 자초한 미국은 이미 최대 무역 흑자 국가이면서, 동시에 세계에서 가장 많은 금을 보유한 상태였기 때문에, 미국이 시작한 무역 전쟁을 공격적으로 되받아치는 것은 당연한 수순이었다. 이렇게 미국 정부가 시작한 무역 전쟁은 세계 경제를 대공황으로 몰아넣으며, 경제 이외의 분야에서도 문제를 만들어 내기 시작했다.

무역 전쟁의 무기로 관세만 활용되었던 것은 아니다. 무역 거래 시 자국

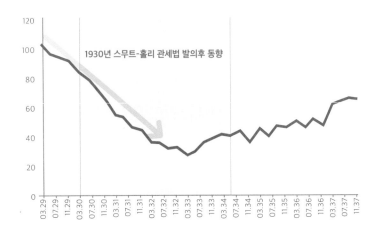

스무트-홀리 관세법 시행 이후 줄어든 미국의 수출량

스무트-홀리 관세법(Smoot-Hawley Tariff Act)은 농촌에 지지기반을 둔 공화당 의원들에 의해
발의되었다. 수입되는 농산물에 높은 관세를 부가하면 미국 농촌의 경쟁력이 올라갈 것이라고 믿었던
것이다. 하지만 변질된 스무트-홀리 법안은 경쟁적인 보복관세로 이어졌고, 1929년 대폭락 이후
안정세로 접어든 미국 시장을 다시 한 번 위기에 빠트린다. 법안을 발의한 리드 스무트(Reed Smoot),
윌리스 홀리(Willis Hawely) 의원은 중간선거에서 낙선했다.

출처 : The National Bureau of Economic Research
단위 : 1930년 3월 29일을 100으로 인덱스 설정

에 유리한 쪽으로 환율을 움직이려는 치열한 통화 전쟁이 더 큰 문제를 낳고 있었다. 원래 금본위제 하에서는 각국의 화폐 가치가 금과 연계된 공통 척도에 묶여 있어야 했지만, 극심한 무역 분쟁은 이런 규칙을 모두 무너뜨렸다. 1931년 영국, 스웨덴, 일본은 일방적으로 자국 통화의 평가 절하를 단행했고, 프랑스와 벨기에 등도 1936년 금과 화폐의 연동을 중단하는 방식으로 환율을 낮췄다. 미국 역시 달러를 일시에 69%나 평가 절하시켰는데, 사실상 이때부터 금본위제가 무력화된 상태나 다름이 없었다. 이런 각자도생식의 이기주의는 결국 2차 대전의 원인으로도 작용했으며, 금본위제를 대체할 새로운 금융질서의 필요성을 앞당겼다. 다음 장에 설명하겠지만 이것이 바로 달러 기축통화 제도이다.

이처럼 본래의 취지를 벗어난 스무트-홀리 관세법은 대공황을 미국 너머 유럽 전역으로 확산시켰다. 문제는 대공황이 옮겨간 유럽의 경제 상황은 더욱 심각했다는 점이다. 미국의 경우 그나마 1920년대 경제 호황의 체력이 남아 있었지만, 유럽 국가들은 1차 세계 대전의 후유증에서도 빠져나오지 못한 상황이었다. 특히 패전국이던 독일은 배상금 문제 등으로 더욱 큰 경제적 고통을 겪어야 했는데, 이런 이유로 독일에서는 국가가 정치의 영역을 넘어 실업과 경제 문제까지 해결해 주겠다는 국가 사회주의인 파시스트^{Fascists}와 나치^{Nazis}가 나타난다. 고통받던 독일 국민들은 1932년 치러진 총선에서 극우 나치 정당을 제1당으로 선출하고, 나치 정부는 대규모의 인프라 건설과 군수산업에 막대한 차입 자금을 쏟아붓는 방식으로 경기를 부양시켰다. 독일 기업들 역

히틀러(Adolf Hitler)의 극우 정당인 나치는 1932년 독일의 제1정당이 되었지만, 히틀러는 당시 대통령 선거에서 낙선한다. 그럼에도 당선된 힌덴부르크(Paul von Hindenburg) 대통령이 86세의 고령이었기 때문에 나치 정당의 총수로 수상이 된 히틀러는 사실상 정권을 물려받을 수 있었다. 정권을 잡게 된 히틀러는 자신의 의도대로 독일을 재무장시켰고, 유럽을 두 번째 파멸의 길로 이끌었다.

시 정부 정책에 발맞추어 철강 등 대단위 중공업을 재건시켰으며, 이로 인해 독일은 자연스럽게 재무장의 기반을 마련할 수 있었다. 결국 나치 정부가 경제 위기 극복과 잉여 시장 탈환을 위해 다시 한 번 전쟁의 길을 택하면서, 1939년 유럽 전역은 제2차 세계 대전으로 빠져들게 된다.*

*_____

2차 세계 대전은 1차 대전에 비해 훨씬 고도화된 무기와 첨단 기술이 응축된 자본의 논리가 동원된 전쟁이었다. 1차 대전은 참호를 파고 군인들이 그 안에 들어가 싸우는 참호전이 주를 이뤘지만, 2차 대전은 탱크와 폭격기, 원자폭탄 등 고가의 대량 살상무기가 전장을 주도했다. 전쟁에 사용된 비용만 해도 1차 대전에 비해 약 7배(현재 가치 약 3조 달러 추정)가 넘을 정도였다. 그만큼 전투는 더욱 격렬했고, 사상자와 피해 규모도 엄청났다. 2차 대전은 유럽뿐만 아니라 일본 등 전 세계 60여 개국을 전쟁으로 몰아넣으며, 5천만 명에 가까운 사상자를 기록하는 등 1차 대전을 뛰어넘는 인류 최악의 전쟁으로 번졌다.

2차 대전이 발발하자, 미국은 무기대여법Lend-Lease Act*을 지정하여, 연합군에 막대한 전쟁 물자를 제공했고, 일본이 진주만을 폭격**하면서부터는 본격적으로 전쟁에 개입했다. 이후 모든 산업 자원이 군수물자 생산에 투입되는 총동원령이 발의되며, 대공황으로 유휴 상태에 빠져있던 미국의 대량 생산 설비들을 재가동시켰다. 막대한 전쟁 수요로 인해 미국의 국내총생산GNP은 1940년 997억 달러에서 1945년 2119억 달

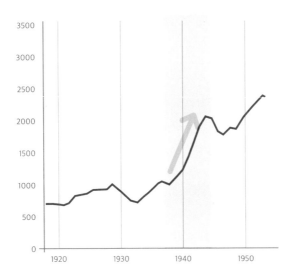

2차 대전 중 미국의 GDP 상승

미국의 국내총생산(GNP)은 1940년부터 5년간 무려 112% 뛰어오르며 미국 경기를 부양시켰으나, 이를
통해 곧바로 대공황이 종료됐다고 단언하기는 힘들다. 이 당시 생산된 대부분의 물자가 전쟁에
투입되면서, 실생활에 필요한 소비재의 생산은 원활하지 못했기 때문이다. 따라서 실물경제에서
대공황이 완벽하게 종식된 시점이라 함은 전쟁 후 미국의 주도로 세계 무역질서가 재편되고 기업
활동이 살아나는 1940년대 후반 이후라고 정의할 수 있다.

출처: Angus Maddison for 1870 to 2006

단위 : 10억 달러

러까지 112%나 급격히 뛰어올랐고, 대공황 중 24.9%까지 치솟았던 실업률은 1943년 1.9%로 떨어져 완전고용 상태를 보였다. 전쟁은 유럽을 또다시 초토화시켰지만, 미국으로서는 10년간 이어지던 대공황이라는 거대한 침체기를 벗어날 기회였던 셈이다.

* ────────────────────────

1941년 파리^{Paris}가 함락된 뒤 발의된 무기대여법^{Lend-Lease Act}은 미국 정부가 방위에 필요하다고 인정하는 국가에 무기대금을 받지 않고, 무상으로 무기를 공급할 수 있는 법안이었다. 이 법안으로 인해 미국은 연합국의 병참기지 역할을 할 정도로 엄청난 양의 군수물자를 생산하게 된다. 무기대여법을 통해서 전달된 군수물자만 무려 500억 달러에 달했다.

** ────────────────────────

동아시아에서 가장 근대화가 빨랐던 일본은 중국과 동남아시아 시장을 확보하기 위해 아시아에서 전쟁을 벌이고 있었다. 이때 미국은 일본을 제지하기 위해 1941년부터 일본에 석유 수출을 중단하는데, 일본은 이를 선전포고로 간주하고 진주만을 폭격한다. 진주만을 공격할 경우 2차 대전의 참전을 주저하고 있던 미국이 협상 테이블로 나올 것이라고 생각했던 것이다. 그러나 예상과 달리 미국은 이를 기점으로 본격적으로 전쟁에 뛰어들게 되었다.

참고자료

A.J.P 테일러 저, 유영수 옮김, [준비되지 않은 전쟁, 제2차 세계 대전의 기원],
　　페이퍼로드(2020), 112~119쪽

전상봉 저, [자본주의 미국의 역사: 1차 세계 대전부터 월스트리트 점령까지],
　　시대의창(2012), 85~96쪽

김희보 저, [세계사 다이제스트100], 가람기획(2010), 401~406쪽

애덤 투즈 저, 조행복 옮김, [대격변: 세계 대전과 대공황, 세계는 어떻게
　　재편되었는가], 아카넷(2020), 659~667쪽

앨버트 S. 린드먼 저, 장문석 옮김, [현대 유럽의 역사], 삼천리(2017), 501~503쪽

Martin Folly, Niall Palmer 저, [The A to Z of U.S. Diplomacy from World War
　　I through World War II], Scarecrow Press(2010), 207~209쪽

-||||-

2

팍스 아메리카나^{Pax Americana}의 시작 :
달러가 세계를 점령하다

독일의 패색이 짙어가던 1944년 7월, 미국의 휴양지인 브레튼 우즈 Bretton Woods에서 연합국 등 44개국이 참석한 가운데, 새로운 금융정책에 관한 회의가 개최된다. 2차 대전 이후의 세계 질서와 오랜 기간 이어진 대공황 및 첨예했던 무역 분쟁 등으로 망가진 세계 경제를 정상화시켜 보려는 의도였다. 여기에서 논의된 사항이 바로 금본위제를 대체할 달러 기축통화 제도이다.

당시 전쟁으로 초토화된 유럽의 화폐는 휴지조각에 가까웠고, 1차 대전에 이어 유럽의 대미 의존도는 최고조에 달해 있었다. 반면 미국은 전쟁을 거치며 전 세계 70%에 가까운 금을 보유하게 되는데, 전쟁 중 많은 물자 거래가 금이라는 안전자산을 통해 이루어졌고, 위기 발생 시 금을 보관할 장소가 미국밖에 없었기 때문에 나타난 결과였다. 엄청난 양의 금이 미국에 모였다는 것은 팍스 브리테니카^{Pax Britannica*} 시절부터 영국이 주도한 세계 경제의 중심이 미국으로 완벽하게 넘어갔음을 의미했다. 사실상 미국은 1차 대전 이후부터 세계 경제의 주도권을 유지해오고 있었고, 산업 생산량이나 경제 규모 면에서 유럽을 압도해왔다. 그럼에도 영국으로부터 독립한 신생국이라는 인식과 미국 특유의 고립주의 정책 때문에 미국은 국제적으로 그저 돈 많은 열강국 수준에 스스로 머물러 있었다. 하지만 2차 대전을 겪으며 미국은 세계 최강대국임을 자각하게 되고 정치, 경제 그리고 문화의 헤게모니를 장악하기 시작한다. 이제 본격적인 팍스 아메리카나^{Pax Americana}의 시대로 접어든 것이다.

＊

18세기 후반은 제국주의의 이념 속에 유럽의 강대국들이 식민지 지배권을 앞다투어 넓혀가던 시대였다. 그중에서도 정치적으로 안정된 영국의 독주가 우세했다. 영국은 인도 그리고 중국까지 동쪽으로 계속 식민지를 넓혀갔는데, 이 과정에서 인도로부터 유입된 면직물이 유럽 사회에 큰 반향을 일으키자 수력과 증기 기관 등을 이용해 이를 대량 생산하기 시작했다. 당시 제작된 증기기관은 사람 100여 명의 힘을 낼 정도로 놀라운 생산성 증가를 보였고, 이때부터 우리가 알고 있는 산업혁명의 단초가 나타난다. 이후 영국은 가장 먼저 근대국가로 진입할 수 있었으며, 이런 영국의 주도하에 유럽의 열강들이 전 세계 경제를 주도한 이 시기를 우리는 팍스 브리테니카^{Pax Britannica}라고 부른다.

브레튼 우즈에 모인 44개국의 모습. 여기서 결정된 브레튼 우즈 체제는 1944년부터 1971년 미국의 닉슨(Richard Nixon) 대통령이 금본위제를 일방적으로 폐지할 때까지 이어졌다.

팍스 아메리카나의 첫 번째 움직임은 세계 경제 정상화였다. 1930년 대를 뒤덮었던 대공황이 전 세계적으로 극심한 경기 침체와 국가사회 주의 등 다양한 경제 외적인 문제들을 야기하면서, 2차 대전으로 이어 진 원인 중 하나로 지목되었기 때문이다.

세계 경제 정상화를 위해서는 무엇보다도 무역 분쟁과 통화전쟁으 로 인해 파탄 상태에 내몰린 금본위제를 대체할 새로운 금융질서 확립 이 절실했다. 이에 1944년 7월, 미국의 휴양지인 브레튼 우즈^{Bretton Woods} 에서 연합국 등 44개국의 대표단이 모여 미국이 보유한 막대한 금을 바탕으로 전 세계 통화를 미국의 달러에 연동시키는 달러 기축통화제 를 논의한다. 이는 쉽게 말해 미국의 달러가 금을 대신한다는 일종의 변형된 금본위제와 같았으며, 전후 새로운 금융질서의 중심을 확실히 미국으로 옮기겠다는 것을 의미했다. 영국은 저명한 경제학자 케인즈 ^{John Maynard Keynes}를 내세워 아예 새로운 국제 통화*를 만들자는 주장을 폈지만, 강대국으로 올라선 미국의 의견을 꺾을 수 없었고, 결국 각국 대표단이 달러를 기축통화로 인정하는 브레튼 우즈 체제^{Bretton Woods} ^{system}에 서명하면서, 달러는 금을 대체할 전 세계 화폐의 기준점으로 올라서게 되었다.

* ─────────────────────────────

케인즈^{John Maynard Keynes}가 제안한 아이디어가 바로 국제 청산동맹^{ICU,} ^{International Clearing Union}이다. 이 아이디어는 방코르^{Bancor}라는 새로운 무역 화 폐를 만들어 각국의 상대 구매력평가^{Relative purchasing power parity}를 통해 환율

연도별 전 세계 금융위기 국가의 비율

1900년대부터 금융위기에 빠진 국가들의 비율을 살펴보면 1차 대전 전후와 대공황 시기에 눈에 띄는
증가를 확인할 수 있다. 특히 대공황 시기는 전 세계 국가 중 40% 가까이가 금융 위기에 휘말려
들어간 거대한 암흑기였다고 볼 수 있다. 반면, 브레튼 우즈 체제가 유지된 1945년부터 1971년까지는
전 세계적인 금융 위기가 거의 없었을 정도로 매우 안정된 모습을 보인다. 강대국 미국의 주도로
서방권 위주로 세계 경제 질서가 재편되며, 유례없는 경제발전을 이룩했던 것이다.

소스 : Reinhart and Rogoff (2008.06)

단위 : %

을 결정하자는 방식이었다. 특히 한 나라가 무역적자에 빠질 경우 방코르 연동 환율을 낮춰 수출을 의도적으로 증가시키고, 무역 흑자국의 흑자액 10%를 회수하는 등 무역수지 불균형을 자동으로 해소할 수 있는 기능에 초점을 맞췄다. 이는 무역수지 적자국이 통화량 감소에 빠지게 되는 금본위제의 근본적인 단점을 풀어내려는 의도였다.

달러 기축통화 지정에 성공한 미국은 곧이어 국가 간의 관세장벽과 수출입 제한을 철폐하는 강력한 자유 무역 체제를 밀어붙인다. 이를 통해 탄생한 것이 1947년 조인된 관세 및 무역에 관한 일반 협정인 가트^{GATT, General Agreement on Tariffs and Trade}였다.* 가트는 무역 분쟁의 원인을 근본적으로 제거함으로써 주요 무역국들 사이에 본격적인 자유무역을 가능하게 만들었으며, 달러 기축통화는 이 모든 것을 시스템적으로 뒷받침했다. 이후 전 세계 무역은 1960년대까지 연평균 8% 이상의 성장을 달성할 수 있었고, 이렇게 관세라는 장벽이 사라진 새로운 자유 무역 환경은 국경을 넘나드는 글로벌 브랜드의 시대를 모듈레이션하게 된다.

---
*

이때 소련을 비롯한 공산주의 동구권 국가들은 가트^{GATT}에 참여하지 않았다. 심지어 브레튼 우즈 체제에 참여했던 소련은 브레튼 우즈 체제가 미국 위주로 움직이자 이듬해인 1945년 브레튼 우즈 체제를 탈퇴하기도 했다. 이후 세계 경제는 자유진영과 공산진영의 이데올로기 대립 속에 냉전^{Cold War}의 시대로 진입하게 되는데, 공산주의 경제 시스템 안에서는 현대적인 브랜드 패러다임을 설명할 수 없기 때문에 이 책에서는 소련을 비롯한 동구권에 대한 내용은 다루지 않을 예정이다.

참고자료

홍춘욱 저, [50대 사건으로 보는 돈의 역사], 로크미디어(2019), 222~223쪽
전상봉 저, [자본주의 미국의 역사: 1차 세계 대전부터 월스트리트 점령까지],
　　시대의창(2012), 126~129쪽
배리 아이켄그린 저, 박복영 옮김, [황금족쇄], 미지북스(2016), 458~459쪽
James M. Boughton, K. Sarwar Lateef 저, [Fifty Years After Bretton Woods:
　　The Future of Imf and the World Bank], Intl Monetary Fund(1995),
　　210~213쪽
Orin Kirshner 저, [The Bretton Woods-GATT System: Retrospect and
　　Prospect After Fifty Years], Routledge(1995), 128~131쪽

3

전쟁이 글로벌 브랜드를
모듈레이션하다

2차 대전 중 발생한 엄청난 전쟁 물자 수요는 미국의 대량 생산 시스템이 한 단계 더 진보할 수 있는 중요한 전환점을 만들었다.* 특히 국가가 주도한 총동원식 대량 생산 시스템은 포드나 GM 등 대기업에 의존하여 성장하던 지난 시대의 방식과 달리, 미국 제조업 전반에 걸쳐 고른 성장을 이끌었다. 이는 이후의 브랜드 패러다임이 대량 생산을 위시한 중공업 등 대형 산업에만 매몰되지 않은 채 다양한 주제로 확장될 수 있음을 의미했다.

---

*

2차 대전 전체 군수물자 중 미국의 생산량은 41.7%였고, 독일은 겨우 14.4% 수준에 머물렀다. 가장 고도의 제조기술을 요하는 항공산업에서 미국은 2차 대전 기간 동안에만 30만 대의 전투기를 쏟아낼 수 있었으며, 독일은 12만 대에 그쳤다. 무기의 주재료인 철강 생산량을 살펴보더라도 1943년 미국의 생산량은 101m톤에 달했고, 같은 해 독일은 34m톤뿐이었다. 이는 자본의 논리가 집약된 2차 대전에서 연합국이 승리할 수 있었던 중요한 밑바탕이 된다.

1941년 발효된 무기대여법^{Lend-Lease Act}을 통해 미국이 연합군에 원조한 군수 물자는 63만 7000대의 자동차, 3만 대의 항공기, 2만 7000대의 탱크 등 총 500억 달러 상당의 엄청난 물량이었다. 하지만 실제로 건네진 품목을 살펴보면, 이런 무기류만 있었던 것은 아니었다. 소련군에게 전달된 1500만 켤레의 군화와 450만 톤의 식량 등 각종 보급품만 해도 엄청난 양이었고, 1억 파운드의 스팸^{Spam}, 30억 개의 허쉬 초콜릿^{Hershey Chocolate}, 50억 병이 넘는 코카콜라^{Coca Cola} 등도 미국의 원조 루트를 타고 전 세계에 뿌려졌다. 이런 미국산 재화들은 물자 부족에 시달리던 국가들에게 매우 소중한 자원으로 활용되었으며, 많은 이들을 미국산 제품의 영향력 아래 노출되도록 만들었다. 이는 양적인 측면에서 보면 마치 인류 역사상 최대 규모의 수출과도 같았다.* 게다가 이 모든 일들이 4~5년이라는 짧은 기간 내에 벌어져 그 파급력은 더욱 엄청났다.

* ───────────────────────────────────

미국은 평균 24일마다 한 대씩 1,400톤 급 대형 수송선을 건조하는 생산능력으로 엄청난 양의 물자들을 전쟁터로 실어 날랐다. 리버티선^{Liberty} ^{Ship}이라고 불렸던 이 대형 수송선은 전쟁 중 무려 2,710척이 건조되었는데, 이는 단일 모델로서는 역대 최고의 건조량이었다. 이들의 출항 모습을 빗대어 '대서양을 가로지르는 배로 이루어진 다리'^{The Bridge of Ships across} ^{The Ocean}라는 표현이 등장할 정도로 리버티선은 미국의 대량 생산 시스템이 만들어 낸 신화에 가까웠으며, 연합국의 승리에 결정적인 역할을 하게 된다.

유사 이래로 식량 보급은 전쟁의 승패를 좌우할 수 있는 핵심 요소로 평가되어 왔다. 그중에서 특히 육류는 병사들의 사기와 연관되어 중요성이 매우 컸다. 실제 2차 대전 초반 독일군은 일주일에 약 750g의 육류를 배급받을 수 있었지만, 전쟁 후반으로 갈수록 물자가 부족해지며 일주일에 250g밖에 지급받지 못하게 된다. 이는 성인 남성에게는 상당히 적은 양이었고, 독일군의 결사항전 의지에도 꽤 큰 영향을 미쳤을 것으로 본다. 반면 전쟁에 승리했던 연합군은 고기가 부족할 일이 없었는데, 그것은 바로 미국으로부터 공급된 스팸^{Spam} 덕분이었다.

스팸은 1937년 제이 호멜^{Jay Hormel}이 개발한 통조림 가공식품으로 돼지 넓적다리와 어깨살 등의 잡육을 사용하여 제조단가가 상당히 낮았고, 대량 생산에도 적합했다. 게다가 열량에 비해 부피가 작고 무게가 가벼워 최전방까지 수송하기도 쉬웠다. 이에 미군은 2차 대전 중 무려 1억 파운드(통조림으로 약 1억 3000만 개)의 스팸을 주문하여 유럽 전선으

로 공급했는데, 당시 전쟁으로 농업과 산업의 기반을 모두 잃어버린 국가들에게 스팸은 매우 소중한 식량자원이 될 수 있었다. 특히 식량 자급이 어렵던 섬나라 영국과 전쟁 초반 곡창지대를 빼앗긴 소련의 의존도가 매우 높았다.* 전 세계는 이런 스팸을 통해 미국의 대량 생산 능력을 체감할 수 있었고, 미국을 최고의 강대국으로 인식하기 시작했다. 처치 곤란할 정도로 많은 양의 스팸이 원조된 영국은 스팸랜드Spamland라는 자조 섞인 농담의 대상이 되었으며, 불필요한 대량의 광고메일을 스팸메일Spam Mail이라고 부르는 현상도 이때가 출발점이다. 하지만 전쟁이 종료된 뒤에도 스팸의 인기는 쉽게 사그라들지 않았고, 1950년대 말까지 무려 10억 캔 이상이 전 세계로 팔려나갔다. 태평양 전선 등 아시아까지 공급되면서부터는 스팸 무스비Spam Musubi 등 현지화된 음식문화를 만들어내기도 했다. 이렇게 2차 대전은 미국의 대량 생산 시스템의 영향력을 확인시키는 동시에 엄청난 양의 미국산 제품들을 전 세계로 진출시키면서 글로벌 브랜드 시대를 모듈레이션하게 되었다.

*

소련 공산당 서기장을 지냈던 니키타 흐루시초프Nikita Khrushchyov가 자서전에서 "스팸 없이는 우리 군대에 식량보급이 어려웠을 것"^{Without Spam we} wouldn't have been able to feed our army 이라고 회상할 정도로 스팸의 영향력은 대단했다. 스팸은 당시 '전쟁을 승리로 이끈 음식'^{The Food That Won the War} 이라고 불렸다.

참고자료

앨버트 S. 린드먼 저, 장문석 옮김, [현대 유럽의 역사], 삼천리(2017), 626~632쪽

전상봉 저, [자본주의 미국의 역사: 1차 세계 대전부터 월스트리트 점령까지], 시대의창(2012), 96~99쪽

Ken Albala, Gary Allen 저, [The Business of Food: Encyclopedia of the Food and Drink Industries], Greenwood(2007), 346~347쪽

William S. Hammack 저, [How Engineers Create the World: Thee Public Radio Commentaries of Bill Hammack], Bill Hammack(2011), 51~52쪽

4

코카콜라가
미국을 상징하다

스팸만큼 전쟁에 필수적인 자원은 아니었지만, 미군이 진입한 곳이면 어디든 보급되어 미국적 이미지를 가장 강력하게 각인시킨 브랜드가 있다. 전쟁 중 무려 50억 병 이상이 뿌려진 코카콜라였다. 사실 코카콜라는 1930년대 말까지 캐나다와 남미 일부 국가들을 제외하면 거의 국제적인 영향력을 나타내지 못했는데, 2차 대전은 이런 코카콜라를 단숨에 세계에서 가장 영향력 있는 브랜드로 만들어 놓았다.

코카콜라는 원래 1886년 미국인 약사 존 펨버턴$^{John Pemberton}$이 여러

가지 약재를 혼합해 만든 강장제에 가까운 약품이었다. 이를 약재상이
자 사업가인 아사 캔들러^{Asa Candler}가 1898년부터 사업권을 사들여 청량
음료로 변화시켰고, 1919년 우드러프^{Woodruff} 가문에 인수된 뒤에는 미
국 최대 음료 제조 회사로 성장했다.* 이런 코카콜라는 1차 대전 중 경
영상의 큰 위기를 겪게 되는데, 미국 정부가 설탕을 전쟁 자원으로 분
류해 공급을 제한한 탓이었다. 때문에 2차 대전이 발발하자 코카콜라
경영진은 필사적으로 대정부 로비에 뛰어들어 코카콜라를 전시 우선
품목으로 인정받는 데 성공한다. 청량음료가 군인들의 사기 진작에 도
움이 된다는 논리가 통했던 것이다. 또한 연합군 총사령관 드와이트 아
이젠하워^{Dwight Eisenhower}와 조지 마셜^{George Marshall} 장군 등 군 고위층이 코
카콜라를 전쟁터로 직접 주문하는 일이 발생하면서, 코카콜라는 2차
대전 중에도 공장의 가동을 멈추지 않고 생산을 계속 유지할 수 있었
다.**

*

아사 캔들러는 존 펨버턴^{John Pemberton}으로부터 코카콜라의 사업권을 완전
히 인수한 지 6년 만에 판매량을 35배 이상 증가시켰다. 청량음료로서
코카콜라의 가능성을 알아봤던 것이다. 이후 1899년부터는 본사가 공급
한 원액에 물을 섞어 제휴 공장들이 코카콜라를 자체 생산할 수 있는 보
틀링 시스템^{Bottling System}을 도입하는데, 이를 통해 코카콜라는 사업 범위
를 미국 전역으로 확대할 수 있었다. 1919년이면 미국 전역의 보틀링 공
장은 1,200여 개로 늘어났고, 코카콜라는 미국에서 가장 유명한 청량음

| 1899-1902 | 1900-1916 | 1915 | 1957 | 1961 | 1991 | 1993 | 2007 |

Coca-Cola.

코카콜라는 펩시콜라 등 우후죽순으로 생겨난 후발 주자들의 추격을 따돌리기 위해 1915년 코카콜라만의 아이덴티티를 담은 유선형의 컨투어병(Contour bottle)을 발표하며, 브랜드의 독창성을 갖기 시작했다.

이미지 출처 : Coca Cola 공식 홈페이지

료가 된다. 이런 보틀링 생산공법은 훗날 코카콜라가 글로벌 브랜드로서의 입지를 다질 때 핵심적인 역할을 했다. 1919년 애틀랜타^{Atlanta} 시장으로 출마한 아사 캔들러가 경영 일선에서 물러난 뒤, 투자가였던 어니스트 우드러프^{Ernest Woodruff}가 2500만 달러에 코카콜라를 인수한다. 1차 대전으로 코카콜라가 극심한 경영위기를 겪자, 미래에 불안을 느낀 캔들러의 자녀들이 코카콜라를 매각한 것이다.

**_____

이런 결정의 배경엔 코카콜라 경영진의 공격적인 로비가 중요한 영향을 미쳤다는 것은 부정할 수 없다. 하지만 실제 미군 내에서 콜라를 공급해 달라는 요구가 있었고, 군 고위층에서도 전투력에 영향을 주는 술과 맥주 대신 병사들의 사기 진작을 위한 기호 식품으로 코카콜라를 염두에 둔 상태였다. 여기에 드와이트 아이젠하워^{Dwight Eisenhower} 장군이 1943년 북아프리카 전선으로 한 달에 600만 병의 코카콜라를 요청하는 일이 발생하면서 미군은 공식적으로 코카콜라의 보틀링 공장 건설에 협조하기 시작했다. 이후 북아프리카 알제리를 시작으로 총 64개의 해외 보틀링 공장이 건설되었는데, 이 중 59개가 미군의 직접적인 지원을 받았다.

하지만 병에 담긴 코카콜라를 전쟁터로 수송하는 일은 결코 쉽지 않았다. 무기와 탄약을 실어 나르는 것만으로도 수송선의 공간이 부족했기 때문이다. 이런 문제를 해결하기 위해 미군은 코카콜라를 현지에서 직접 생산하기로 결정했다. 파병된 젊은 군인들의 코카콜라 선호도

**로버트 우드러프(Robert W. Woodruff),
1889~1985**

코카콜라를 독보적인 글로벌 브랜드의 단계로
진입시킨 것은 우드러프였다.

가 매우 높았으며, 무엇보다 아이젠하워 장군의 직접적인 요청이 큰 영
향을 미쳤다. 이후 1944년부터 세계 각지의 총 59곳에 코카콜라 보틀
링 공장이 설치되었고, 이를 통해 무려 50억 병의 코카콜라가 전 세계
로 뿌려졌다. 이는 당시 그 어떤 공산품보다도 많은 생산량이었는데, 물
자 부족에 시달리던 많은 이들에게 미국의 패권과 자본주의의 위력을
각인시키는 역할을 했다. 하지만 엄밀히 따지면 코카콜라의 해외 진출
은 무임승차나 다름없는 특혜였다. 전쟁이 끝난 뒤에도 생산공장은 그
대로 남아 코카콜라의 해외 진출기지가 되었기 때문이다.* 코카콜라에
게 길들여진 사람들이 계속해서 코카콜라를 찾았기에 코카콜라의 판
매량은 지속적으로 늘어날 수 있었다. 코카콜라가 최초로 10억 갤런
Gallon의 원액 판매를 달성하기까지는 58년의 세월이 걸렸지만, 미군에
의해 해외 보틀링 공장이 설치된 1944년부터 추가로 10억 갤런이 판매

되기까지는 9년이 채 걸리지 않았다. 이렇게 2차 대전은 미국의 압도적인 산업 생산력을 바탕으로 코카콜라, 스팸과 같은 미국산 제품들을 글로벌 브랜드로 성장시켰다. 물론 2차 대전 이후 국제 자유무역 기조가 확산되며 유럽과 아시아의 브랜드들도 기회를 부여받긴 했으나, 글로벌 브랜드의 시대는 사실상 미국산 브랜드들이 전 세계로 뻗어나가는 것과 비슷한 양상으로 전개되었다.

* ————————————————————

코카콜라는 2차 대전 이전까지는 해외시장에서 큰 성과를 나타내지 못하고 있었다. 병에 든 코카콜라를 해외로 운송하려면 엄청난 물류비와 세금이 소요되었기 때문에 수지 타산을 맞추기가 어려웠고, 현지에서 직접 생산공장을 운영하기에는 미국 내 성장세에 크게 만족하고 있던 코카콜라 경영진이 적극적이지 않았다. 때문에 해외에서 코카콜라의 영향력은 그나마 거리가 가까운 캐나다와 남미 일부 국가에 그쳤는데, 이런 코카콜라를 글로벌 브랜드의 반열에 올려놓은 것은 오직 2차 대전의 힘이었다.

참고자료

김덕호 저, [욕망의 코카콜라], 지호(2014), 210~215쪽
Fiora Steinbach-Palazzini 저, [Coca-Cola Superstar], B E S Pub Co(1989),

134쪽

Pat Watters 저, [Coca-Cola: An Illustrated History], Doubleday(1978), 91쪽

Lawrence Dietz 저, [Soda Pop: The History, Advertising, Art, and Memorabilia of Soft Drinks in America], Simon and Schuster(1973), 25~27쪽

J.C. Louis, Harvey Z. Yazijian 저, [The Cola Wars: The story of the global battle between the Coca-Cola Company and PepsiCo, Inc.], Everest House(1980), 61쪽

-|||||-

5

미국스러움이
전 세계로 퍼져나가다

글로벌 브랜드 시대가 미국 브랜드 위주로 전개될 수 있었던 이면에는 미국이 20세기 문화적 헤게모니를 장악했던 현상도 중요한 영향을 미쳤다. 영국으로부터 독립한 지 150여 년밖에 되지 않았던 미국은 경제적으로 놀라운 진보를 달성하고 있었음에도 불구하고 전통과 문화 면에선 부족함이 많은 신생국이었다. 게다가 다양한 인종이 모여든 탓에 미국만의 색채를 만들기도 쉽지 않았다. 하지만 유지해야 할 전통이 없다는 해방감은 오히려 시대적 유행과 스타일을 주류로 받아들이는 기반이 되었으며, 이를 바탕으로 글로벌 브랜드 시대를 리드하는 미국스러움을 만들어낸다.

미국의 문화적인 영향력은 19세기 말 태동한 영화산업에서부터 출발했다. 당시의 급격한 산업화는 문화예술 분야에도 영향을 주어,

1889년 미국의 발명가 토마스 에디슨^{Thomas Alva Edison}의 키네토스코프^{Kinetoscope}와 1895년 프랑스 뤼미에르^{Louis Lumière} 형제가 발명한 시네마토그라프^{Cinématographe}를 통해 영화라는 새로운 장르^{Genre}를 탄생시킨다.* 초창기 영화산업은 프랑스와 이탈리아 등 유럽시장 위주로 발달했으나, 20세기 초 엄청난 숫자의 노동자들이 도심으로 몰려든 미국 시장에서 본격적으로 규모화된다. 도심 속 노동자들이 별다른 여가 거리를 찾지 못하면서, 5센트짜리 소규모 영화관을 시간 때우기 장소로 활용했던 것이다. 이런 소규모 영화관들은 5센트의 입장료를 받았기 때문에 니켈로디언^{Nickelodeon}(5센트를 상징하는 단어)**이라 불렸고, 1910년대 미국 전역에 18,000여 개가 성업을 이룰 정도로 큰 인기를 끌었다. 니켈로디언은 특별한 행사나 박람회 등에서 비정기적으로 상영되던 영화를 상설화했으며, 이후 미국 시장은 매주 2600만 명이 영화를 관람하는 전 세계 영화산업의 최대 소비시장으로 떠올랐다.

* ────────────────────────────────

프랑스의 화가 루이 자크 망데 다게르^{Louis-Jacques-Mandé Daguerre}가 최초의 사진을 발명하고, 미국인 조지 이스트먼^{George Eastman}이 필름과 휴대용 카메라를 개발하면서 새로운 시각적 문화예술이 나타났다. 이후 움직이는 사진으로까지 연구가 이어지며, 1889년 드디어 미국의 발명가 토마스 에디슨^{Thomas Alva Edison}이 최초의 영사기인 키네토스코프^{Kinetoscope}를 탄생시킨다. 하지만 에디슨의 키네토스코프는 대형 영사기에 한 사람씩 눈을 대고 움직이는 필름을 감상하는 방식이었기에 현대적인 개념의 영화와는 차이가 있었다.

때문에 1895년 프랑스의 뤼미에르Louis Lumière 형제가 파리의 르 그랑 카페 Le Grand Café에서 시연한 시네마토그라프Cinématographe가 사실상 최초의 영화라고 할 수 있다. 뤼미에르 형제는 '리옹의 뤼미에르 공장을 나서는 노동자들'Sortie des Usines Lumière à Lyon, '열차의 도착'L'Arrivée d'un Train en Gare de la Ciotat 등 1분 내외의 짧은 기록 영화를 통해 엄청난 상업적 성공을 거둬들였다. 이렇게 초창기 영화산업은 프랑스를 비롯한 유럽에서 본격적으로 시작되었다.

✳✳ ────────────────────────────────────

니켈로디언Nickelodeon은 좌석수 200개 미만의 소규모 영화관을 의미한다. 대부분 5센트의 요금을 받았기 때문에 5센트 동전을 상징하는 니켈Nickel에서 유래한 니켈로디언이라는 이름으로 불렸고, 1907년부터 1908년 사이 미국 전역에서 두 배 이상 증가했다. 니켈로디언은 영화 컨텐츠만을 전문적으로 상영한 최초의 공간이었으며, 미국 시장이 영화의 중심지로 떠오르는 중요한 역할을 한다. 니켈로디언은 1910년대 미국 전역에 약 18,000여 개가 성업을 이룰 정도로 인기를 끌었는데, 1910년대 후반부터 등장한 영화궁전Picture Palace 등 대형 규모의 상영관에 밀려 점차 사라졌다.

영화에 대한 수요가 빠르게 증가하자 1908년부터 미국의 많은 영화 제작 스튜디오들이 영화 생산량을 늘리기 위해 뉴욕과 시카고 등을 벗어나 1년 내내 실외 촬영이 가능한 지역으로 활동 무대를 옮겨갔다. 이곳이 바로 캘리포니아California의 헐리우드Hollywood이다. 헐리우드로 옮겨간 스튜디오들은 저렴한 땅값과 낮은 인건비를 이용해 1910년대 제조업의 발전처럼 영화제작을 시스템화하기 시작했고, 기획과 촬영, 편집을 분업하여 극도의 효율을 만들어냈다. 이때부터 미국 영화는 퀄리티와 다양성 면에서 큰 폭의 성장을 달성할 수 있었으며, 내러티브Narrative가 정밀해진 고품질의 장편 영화를 생산하게 된다. 또 영화를 상영하는 공간 역시 2000명 이상을 수용할 수 있는 영화궁전Picture Palace* 등으로 고급화되면서 영화는 더 이상 노동자들의 저렴한 오락거리가 아닌 전 연령, 전 계층이 즐기는 대중문화의 영역으로 자리 잡는다.

* ───────────────────────────────

화려한 금박으로 치장된 영화궁전은 2000명 이상이 동시에 영화를 관람할 수 있는 대규모 상영관으로, 2달러라는 높은 티켓 가격에도 불구하고 온 가족이 호화롭게 영화 한 편을 즐길 수 있다는 매력 때문에 큰 인기를 끌었다. 산업화로 미국 사회가 소비와 여가생활에 익숙해지자, 모두 니켈로디언보다 영화궁전을 찾았던 것이다. 1913년에 문을 연 리젠트 극장Regent Theater을 시작으로 영화궁전은 10년 만에 4000개까지 늘어났고, 전체 미국 영화 매출의 75%를 담당할 정도로 빠르게 성장했다.

1914년 1차 세계 대전이 발발하자 영화시장에도 큰 변화가 찾아온다. 전 세계 영화시장에 상당한 비중을 차지해오던 유럽의 영화산업이 초토화된 것이다. 1910년 이전까지 유럽 영화는 컨텐츠라는 경쟁력을 바탕으로 전 세계 영화 시장의 60%, 미국 시장의 50% 가까이를 장악해왔으나, 1차 대전을 거치면서 그 빈자리를 헐리우드에 내줘야 했다.*

헐리우드는 대중문화를 통해 미국스러움을 전 세계로 주입했다. 동시에 미국 브랜드의 수용성을 높였다. 사진은 1923년부터 1940년대까지 유지된 헐리우드 사인인데, 원래의 모습은 'HOLLYWOODLAND'였다.

종전 후 영국 영화 시장의 70%, 프랑스 영화 시장의 50%가 헐리우드로 넘어갔으며, 오스트레일리아와 뉴질랜드에서는 헐리우드의 장악력이 95%에 가까웠다. 1916년 아르헨티나의 전체 수입품 중 약 60%가 헐리우드 영화로 채워질 정도였다. 이렇게 전쟁을 통해 전 세계 시장을 확보한 헐리우드 영화산업은 1920년대에 이르러 자동차, 석유, 철강 등에 이어 5번째 산업군을 넘볼 정도로 거대해진다.

＊ ─────────────────────────────────

헐리우드 영화는 1916년부터 해외로 수출되기 시작했다. 당시 헐리우드의 스튜디오들은 제작비 대부분을 자국 시장에서 회수하고 있었기 때문에 이러한 해외 수출은 자연스럽게 추가 수입으로 이어졌다. 이는 헐리우드에 훨씬 더 많은 자본을 영화제작에 투입할 수 있는 환경을 만들어 주었고, 초토화된 유럽 영화산업과의 격차가 더욱 벌어지도록 했다. 1917년부터 헐리우드 메이저 스튜디오들은 아예 해외 수출을 감안한 대규모 제작비를 책정하기 시작했으며, 이후로 전 세계 영화 시장은 헐리우드의 자본력에 완전히 잠식당하게 된다.

엄청난 호황을 겪었던 1920년대가 되면 자본과 결합된 이 거대 컨텐츠 사업은 미국만의 소비주의를 극명하게 담아내기 시작했다. 할리우드 영화를 통해 표현된 화려하고 자극적인 화면은 1920년대 미국 경제가 이룩한 시대상이었고, 1차 대전의 피해를 겨우 극복해가던 유럽에서는 나타나기 어려운 지극히 미국적인 스타일이었다. 여기에 1922년 세계적으로 엄청난 관심을 모은 이집트 투탕카멘^{Tutankhamun} 발굴 등이 헐리우드에 큰 영감을 주면서, 헐리우드는 국경과 시대를 초월한 더욱 현란한 스타일로 변해갔다. 광란의 20년대를 상징하는 뮤지컬인 브로드웨이^{Broadway} 스타일도* 이때부터 나타나는 등 본격적인 미국스러움이 형성된 시기이다. 헐리우드는 지극히 미국다운 컨텐츠를 별다른 경쟁 없이 전 세계로 주입했고, 전 세계의 대중문화를 길들였다. 이런 기조는 본격적인 글로벌 시대가 시작됐을 때 미국 브랜드에 대한 높은 수용성을 만들어내며, 글로벌 브랜드 시대가 미국 기업 위주로 동작할 수 있는 환경을 배태했다.**

---

*

브로드웨이^{Broadway}는 미국의 경제 중심인 뉴욕^{New York} 맨해튼^{Manhattan}의 가장 번화한 거리이다. 이곳에서 1920년대 유럽식 오페라^{Opera}를 현대적인 쇼 비즈니스 형태로 재해석한 뮤지컬^{Musical}이 등장했다. 광란의 20년대를 배경으로 한 브로드웨이의 뮤지컬들은 화려한 무대와 의상, 그리고 현란한 음악과 춤으로 구성되었는데, 이 당시 자극적인 시대 분위기와 맞물리면서 큰 인기를 얻었다. 브로드웨이 뮤지컬들은 예술성이 결여되었다는 비판을 받기도 했지만, 1920년대를 대변하는 가장 중요한 대중문화예술로서 헐리우드 영화 등 미국스러운 컨텐츠의 형성에 많은 영향을 미쳤다.

**

광란의 20년대를 지나 대공황이 엄습한 1930년대가 되면 소비, 가전, 주

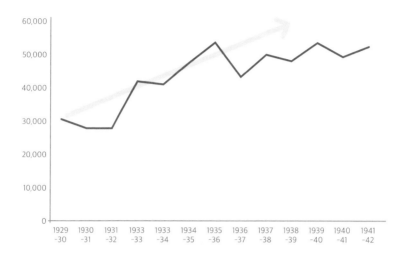

1929년부터 1941년까지의 헐리우드 메이져 스튜디오인 MGM, RKO, Warner Bros의 해외 매출

1930년대 전 세계 경제는 대공황에 진입하지만, 헐리우드 메이저 스튜디오인 MGM, RKO, Warner Bros의 해외 매출은 약 74% 증가했다. 이는 헐리우드 영화 산업이 경기 침체에 크게 영향을 받지 않고, 문화 컨텐츠의 경쟁력 면에서 이미 전 세계를 장악하고 있었다는 것을 의미한다.

출처: Eddie Mannix, William Schaefer and C.J. Trevlin ledgers; Department of Commerce.

단위 : 1,000달러

택 경기는 최악의 상태로 진입했으나, 영화산업은 오히려 황금기를 맞는다. 대공황으로 일자리를 잃은 사람들이 온종일 극장을 찾았던 것이다. 인구 1억 2000만 명이던 1930년 당시의 미국에서 매주 9천만 장의 영화 티켓이 팔려나갈 정도였다. 물론 세계 경제를 침몰시킨 대공황의 위기는 헐리우드에도 영향을 미쳤고, 1933년까지 총 수익 중 34%를 잃기도 했다. 하지만 같은 시기 자동차 판매가 75% 가까이 증발했던 것을 감안하면, 이 정도는 버틸 만한 수준에 가까웠다. 2차 대전이 발발했을 때도 영화티켓 판매는 그다지 감소하지 않았다. 전쟁에 지친 사람들이 뮤지컬, 코미디 등 오락물 위주의 컨텐츠를 대량으로 소비하면서, 오히려 1942년부터 1946년까지 헐리우드는 역대 가장 높은 수익률을 보였고, 1946년에는 17억 달러의 최고 매출을 기록하기도 했다. 이렇게 헐리우드는 독보적인 경쟁력을 바탕으로 1940년대까지 꾸준한 성장을 유지하며 전 세계 문화 헤게모니를 장악하는 데 성공한다.

참고자료

서정남, [헐리우드 영화의 모든 것], 이론과 실천(2009), 39~42쪽
신강호, [헐리우드 영화], 커뮤니케이션북스(2013), 9~10쪽
에밀리 S. 로젠버그 저, 양홍석 옮김, [미국의 팽창], 동과서(2003), 307~318쪽
Gregory Paul Williams 저, [The Story of Hollywood: An Illustrated History],
    BL Press LLC(2006), 19~21쪽
락시미 바스카란 저, 정무환 옮김, [Designs of The Times, 한 권으로 읽는
    20세기 디자인], 시공아트(2017), 86~87쪽

꠰꠱꠲꠳꠴

6

브랜드가
라이프 스타일을 이식하다

2차 대전 종전 후 달러 주도의 자유무역 기조가 정착되자, 1971년까지 전 세계 무역이 연평균 7.3%씩 성장하는 장기 호황이 나타난다. 이와 함께 미국은 공산 진영과의 이데올로기^{Ideologie} 대결에서 자본주의 진영을 보호하기 위해 서유럽을 비롯한 제1세계 국가들의 정치, 경제에 더욱 적극적으로 개입해갔다.* 이런 시대적 분위기는 미국의 패권적 지위를 더욱 강화시켰고, 미국의 기업들이 더욱 빠르게 글로벌화되는 환경을 만들었다. 글로벌 브랜드 시대의 가장 중요한 키워드는 소비시장에서 국경의 개념이 사라지며, 지역과 인종, 문화에 상관없이 글로벌화된 브랜드를 적극적으로 수용할 수 있는 분위기가 조성되었다는 것인데, 당연히 정치, 경제 그리고 문화적 우위를 점하고 있던 미국의 기업들에게 유리한 경쟁 구도일 수밖에 없었다. 이후 1960년대까지 60억 달러 이상의 매출을 기록한 글로벌 기업 중 약 50%가 미국 기업으로 채워졌고, 이때부터 글로벌 브랜드 시대의 주도권을 잡았다고 판단한 미국 기업들은 미국산 상품과 문화 컨텐츠를 넘어 효율과 합리성으로 대변되는 미국식 라이프 스타일을 전 세계로 주입하기 시작한다.

*———————————————————————————————

1947년부터 미국은 전쟁으로 초토화된 유럽을 재건시키기 위해 유럽부흥 계획European Recovery Program, ERP이라 불렸던 마셜플랜Marshall Plan을 가동했다. 이를 통해 1947년부터 1951년까지 130억 달러(현재 가치 약 140조 원)의 경제적 지원이 이루어졌고, 유럽의 경제를 빠른 속도로 회복시켜 놓았다. 이 시기 프랑스는 17%의 경제 성장을 달성했으며, 이탈리아는 25%, 서독 41%의 성장을 이뤄낼 수 있었다. 이를 계기로 미국은 서유럽 국가들 사이에서 더욱 막강한 영향력을 발휘하게 된다.

현대적인 미국식 라이프 스타일은 1950년대 맥도날드McDonald's*와 같은 패스트푸드Fast Food 브랜드들 속에서 극명하게 드러났다. 맥도날드의 주방은 조리 공간이라기보다 제조업의 대량 생산 라인에 가까웠고, 스스로 음식을 날라야 하는 셀프서비스Self Service를 통해 소비자는 극도의 효율을 체감할 수 있었다. 이렇게 약간의 불편만 감수한다면 놀랍도록 저렴한 가격, 충분히 만족할 만한 맛과 속도로 보상받는 것이 가능했던 맥도날드는 이미 포디즘Fordism의 효율성을 온몸으로 체감한 미국인들에게 너무나도 자연스러운 소비의 경험으로 받아들여졌으며, 1960년

대 중반 미국 내 770개의 매장과 연 매출 1억 7000만 달러를 달성할 정도로 큰 인기를 모으면서 미국식 라이프 스타일을 하나의 규모화된 브랜드로 형상화하게 되었다. 이후 달러가 주도하는 자유무역 기조가 펼쳐지자 1967년부터 맥도날드의 해외 진출이 본격화되었고, 10년 만에 전 세계 22개국, 4200여 개의 매장을 확보하는 데 성공한다. 이처럼 성공적인 맥도날드의 해외 진출은 단순히 하나의 재화가 해외로 수출되는 효과뿐만 아니라, 수용자적 입장의 국가들에게 미국식 라이프스타일을 함께 주입하는 결과를 낳았으며, 미국이 주도하는 자본주의 시장경제를 하나의 선진화된 브랜드 경험으로 받아들이도록 만들었다.** 1990년 소련의 수도 모스크바^{Moscow}에 공산 진영 최초의 맥도날드 매장이 문을 열었을 때, 이것이 반세기 가까이 이어온 냉전시대의 종식처럼 비친 것도 이런 이유 때문이었다. 1910년대 대량 생산 시스템에 기반한 포디즘이 초기 브랜드 태동의 방점으로 작용하고 있었다면, 미국이 주도하던 글로벌 브랜드 시대의 확산에는 효율과 합리성으로 대변되는 맥도날드화^{McDonaldization}***가 중요한 역할을 했다.

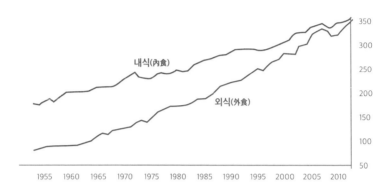

350		
300		
250		
200		
150		
100		
50		

내식(內食)

외식(外食)

1955 1960 1965 1970 1975 1980 1985 1990 1995 2000 2005 2010

1955년 이후 미국인들의 라이프스타일에 외식이 차지하는 비중 변화

맥도날드가 본격적인 확장을 시작한 1955년부터 미국의 외식 문화는 급격한 성장을 나타낸다. 이 시기 미국은 2차 대전 이후 경제적인 안정기로 접어들며, 급격한 인구 증가를 겪고 있었다. 1945년부터 1961년까지 무려 6350만 명의 신생아가 태어났는데, 이들을 가리켜 베이비붐(Baby Boom) 세대라고 불렀다. 베이비붐 세대들은 이전 세대에 비해 합리적인 소비에 훨씬 익숙했고, 대중매체의 영향으로 새로운 유행에도 민감했다. 또 여성들의 활발한 사회진출로 맞벌이 부부가 늘어나면서 외식문화에도 적극적이었다. 이런 사회적인 분위기는 패스트푸드 컨셉을 내세운 맥도날드의 급격한 성장을 유도했다.

출처 : US agriculture department

단위 : 천만 달러

• 맥도날드는 1940년 리처드 제임스 맥도날드^{Richard James McDonald}와 모리스 제임스 맥도날드^{Maurice James McDonald} 형제가 캘리포니아의 샌버너디노^{San Bernardino}에 바베큐 전문 레스토랑인 맥도날드 바비큐^{McDonald's Famous Barbecue}를 오픈하면서 출발했다. 맥도날드 바비큐는 카홉^{Carhop}이라고 불렸던 아름다운 웨이트리스가 롤러스케이트를 타고 주차된 손님의 자동차로 음식을 서빙하는 새로운 형식의 레스토랑이었다. 이런 맥도날드 바비큐는 캘리포니아의 자유분방한 분위기 속에 젊은 남성들에게 큰 인기를 끌었고, 연 매출 4만 달러를 기록하는 등 꽤 성공적인 출발을 보인다. 하지만, 2차 대전의 영향으로 고객이 줄어들며 매출이 정체기를 맞이하자, 맥도날드 형제는 레스토랑을 전면적으로 개편하여 현대적인 모습의 맥도날드로 탈바꿈시켰다.

∗∗ ───────────────────────────────────

맥도날드의 해외 진출 성공에는 맥도날드가 시도한 현지화도 큰 영향을 미쳤다. 맥도날드는 진출한 국가들의 문화에 맞게 메뉴 일부를 현지화했는데, 예를 들어 프랑스에서는 와인을 판매한다든가, 독일과 스페인에서는 맥주를 곁들여 판매하는 방식이었다. 당연히 이슬람권 국가에서는 돼지고기를 사용하지 않았으며, 힌두교 국가에서는 쇠고기를 배제했다. 우리나라에 진출할 때에는 불고기 버거와 김치 버거를 선보였다. 이런 맥도날드의 현지화 전략으로 인해 수용자적 입장의 국가들은 별다른 거부감 없이 맥도날드가 상징하는 미국식 라이프 스타일을 하나의 브랜드 경험

좌) **리처드 제임스 맥도날드**(Richard James McDonald), 1909~1998

우) **모리스 제임스 맥도날드**(Maurice James McDonald), 1902~1971

맥도날드 형제는 미국식 라이프스타일을 글로벌 비즈니스로 발전시켰다.

으로 받아들이게 된다.

*** ────────────────────────────

맥도날드화^{McDonaldization}는 미국식 라이프 스타일이 맥도날드 브랜드를 통해 전 세계로 뻗어나가는 사회현상을 지칭한다. 사회학자 조지 리처^{George Ritzer}가 1993년 출간한 〈맥도날드 그리고 맥도날드화〉^{The McDonaldization of Society}에서 처음으로 주창했다.

참고자료

레이크록 저, 이현정 옮김, [맥도날드 이야기], 문진(1999)

조지 리처 저, 김종덕, 김보영, 허남혁 옮김, [맥도날드 그리고 맥도날드화],
    풀빛(2017), 30~45쪽

에릭 슐로서, 찰스 윌슨 저, 노순옥 옮김, [패스트푸드에 관해 알고 싶지 않은 것,
    맛있는 햄버거의 무서운 이야기], 모멘토(2017), 20~25쪽

Joe Kincheloe 저, [The Sign of the Burger: Mcdonald's And The Culture Of
    Power], Temple University Press(2002), 50~56쪽

Nathan Sznaider 저, [Global America?: The Cultural Consequences of
    Globalization], Liverpool University Press(2004), 30~43쪽

달러가 주도하는
글로벌 브랜드 시대가 펼쳐지다

20세기 초 미국의 뛰어난 기업들이 대량 생산과 대중 소비를 통해 브랜드의 개념을 개척했다면, 2차 대전은 이런 브랜드들을 전 세계로 퍼트리는 역할을 했다. 전쟁 중 엄청난 양의 스팸과 코카콜라 같은 미국산 브랜드들이 뿌려졌고, 산업 기반을 잃게 된 많은 국가들을 미국산 브랜드의 영향력 아래 노출시켰다. 전 세계는 다시 한 번 미국의 산업 생산력에 압도당할 수밖에 없었으며, 미국의 패권적 지위는 더욱 강화되었다. 이후 미국이 브레튼 우즈 체제와 가트를 통해 달러 중심의 자유무역 기조를 정착시키면서 이를 바탕으로 본격적인 글로벌 브랜드의 시대가 펼쳐진다.

글로벌 브랜드 시대의 가장 중요한 키워드는 국경에 관계없이 글로벌화된 브랜드를 능동적으로 수용할 수 있는 환경이 조성된다는 것이었다. 당연히 헐리우드를 통해 문화적 헤게모니까지 장악했던 미국 브랜드가 가장 유리했고, 실제 글로벌 브랜드 시대는 다각적인 세계화라기보다 미국화에 좀 더 가깝게 진행되어갔다. 이런 현상을 종종 미국화 Americanization라고 설명하기도 하는데, 미국화는 자본주의 진영의 국가들을 중심으로 전 세계가 정치, 경제, 사회, 문화의 많은 면에서 미국과 같은 양상으로 변해가는 현상을 지칭한다. 게다가 공산 진영과의 이데올로기 대결은 미국의 패권적 지위를 더욱 강하게 확장시켰으며, 주도권을 쥐었다고 판단한 미국 기업들은 효율과 합리성으로 대변되는 미국식 라이프 스타일을 전 세계에 주입시켰다. 당시 수용자적 입장의 국가들은 이를 선진화된 브랜드 경험으로 자연스럽게 받아들였고, 이 과정에서 글로벌 브랜드 시대는 미국스러움이 전 세계로 퍼져나가는 양상으로 확연히 굳어지게 된다.

| 3 |

제3국
브랜드들의 등장

1

달러 독주 체제가 무너지다

브레튼 우즈 체제에 기반을 둔 자본주의 시장경제 호황은 채 30년도 가지 못했다. 문제는 브레튼 우즈 체제가 근본적으로 금본위제로부터 완벽하게 벗어나지 못했다는 데에 있었다. 고도의 경제 성장기에는 경제 규모가 커진 만큼 화폐의 수요도 함께 늘어나야 했지만, 브레튼 우즈 체제하에서는 달러의 발행이 금 보유량에 묶여 있다 보니 쉽게 통화량을 늘리기 어려웠다. 금은 무한대로 늘어나는 재화가 아니기 때문이다. 브레튼 우즈 체제 출범 초기 미국은 전 세계 금의 70.7%에 해당하는 약 244억 달러의 금을 보유했고, 이를 바탕으로 50년대 국제 통화량 가운데 82%를 무리 없이 공급했다.* 이는 한마디로, 미국이 엄청난 금 보유량을 통해 마르지 않는 샘처럼 자본주의 시장에 달러를 공급하며, 세계 경기 호황을 지탱해왔다고 볼 수 있다.

* ───

이 시기 전 세계 산업 생산량은 4배로 늘었으며, 무역량은 10배로 커졌다. 이런 대부분의 성장은 미국이 대표하는 자본주의 진영으로 집중되었는데, 전 세계 산업 생산량의 75%, 공산품 수출의 80%를 미국과 서유럽, 일본 등 자본주의 국가들이 차지했다.

하지만 유럽과 일본이 점차 전쟁의 후유증을 극복하고, 산업 경쟁력을 회복하자 상황이 달라지기 시작한다. 유럽과 일본의 브랜드들이 빠른 속도로 미국 브랜드들을 추월하면서 1965년을 기점으로 미국의 무역수지를 악화일로로 돌려놓은 것이다. 이는 브레튼 우즈 체제 출범 당시 달러가 최고 안전 자산으로 평가되어 상대적으로 가치가 높게 책정된 탓이었다. 비싼 환율로 인해 미국산 브랜드들의 가격 경쟁력은 낮아질 수밖에 없었고, 이런 현상은 주요 수출품인 자동차를 비롯한 전자, 기계 부문 등 모든 영역에서 동일하게 나타났다. 게다가 자본주의 진영을 지키기 위한 미국의 군사적 개입 증가와 늘어난 사회적 복지는 미국을 만성적인 경상수지 적자에 빠트렸으며,* 미국 내 축적된 금과 달러 자산이 계속해서 해외로 유출되는 결과를 만들었다. 결국 전 세계의 70%에 달했던 미국 금 보유 규모는 1959년 기준 51.3%까지 떨어졌고, 1960년에는 서유럽과 일본을 비롯한 미국 외 국가들의 달러 자산이 미국의 금 보유량을 넘어서게 되었다.

미국은 한국 및 베트남전에 개입하면서 천문학적인 돈을 퍼부었다. 여기에 존 F. 케네디[John F. Kennedy]의 후임이었던 제36대 대통령 린든 존슨[Lyndon B. Johnson]이 강력한 사회복지정책을 시행하자, 미국 경제는 끝모를 경상수지 적자에 빠져들었다. 그는 당시 미국이 이룩한 정치, 경제적인 성과를 사회 전반에 재분배해야 한다고 주장하면서 빈곤층 지원, 교육, 주택, 의료제도 개선 등에 막대한 사회복지 예산을 쏟아 부었다. 그의 집권 말기인 1968년 군비를 제외한 미국의 재정지출은 무려 천억 달러에 가까웠다.

미국의 금 보유량이 빠르게 감소하자, 미국이 달러를 금으로 태환할 수 없을지도 모른다는 우려가 시장에 퍼져갔다. 급기야 1960년 국제 금값이 요동치기 시작했으며, 런던 금시장에서 금 1온스[oz]가 40달러를 넘어서는 일이 발생한다.* 이런 금값 폭등은 미국 내 화폐용 금의 유출을 더욱 가속화시켰고, 1960년 한 해에만 17억 달러의 금이 해외로 빠져나갔다. 브레튼 우즈 체제의 붕괴를 우려한 미국 정부는 1961년 프랑스, 영국 등 서유럽 7개국과 함께 의도적으로 금 시세를 조정하는 금풀제[Gold Pool]** 등을 도입하여 시장을 진정시키려 했으나, 1964년부터 미국이 베트남전에 6500억 달러라는 천문학적인 전비를 쏟아 붓자 시장은 다시금 끝모를 불확실성의 늪으로 빠져들어 갔다. 시간이 갈수록 미국의 경상수지는 더욱 악화될 수밖에 없었고, 1965년에는 미국의 무역수지마저 하락 곡선을 보였다. 결국 1971년 금값이 무려 44달러까지 치솟으면서, 프랑스가 미국의 이러한 행태에 직접적인 반기를 들고 나섰다.

* ────────────────────────────────────

이는 미국에서 금을 사다가 런던 시장에 팔면 5달러의 차익을 얻을 수 있다는 의미와 같았다. 브레튼 우즈 체제 시스템 안에서는 미국이 금 1온 스^{oz}를 35달러로 교환해줘야 했기 때문이다.

** ────────────────────────────────────

금풀제$^{Gold Pool}$는 미국, 영국, 프랑스, 독일, 이탈리아, 스위스, 네덜란드, 벨기에 등 8개국이 국제 금 시세를 1온스^{oz} 당 35.20달러로 유지하게 만드는 제도였다. 금풀제에 가입한 8개국은 런던 금시장의 금 가격이 35.20달러를 넘어서면 자국의 보유 물량을 시장에 내다 팔았고, 가격이 떨어지면 다시 사들이면서 의도적으로 시세를 조정해갔다. 이는 이미 미국의 힘만으로는 변형된 금본위제에 가까운 브레튼 우즈 체제를 유지하기 힘들다는 의미였다.

프랑스는 이미 오래전부터 미국의 금태환 능력에 우려를 표명해왔다. 1950년대 전 세계 총생산량의 70%를 차지하던 미국의 산업 경쟁력은 1970년대 50% 이하로 내려앉아 있었으며, 1971년 미국의 무역수지역시 27억 달러의 적자를 보였기 때문이다. 위기를 직감한 프랑스의 샤를 드골$^{Charles De Gaulle}$ 대통령은 1971년 미국 정부에 1억 9100만 달러를금으로 태환해달라는 요청을 한다. 이것이 도화선이 되어 스위스와 스페인도 금 태환에 동참했고, 서독은 아예 브레튼 우즈 체제를 떠나버렸다. 결과적으로 1958년부터 1971년 사이 미국은 12,000톤의 금을

브레튼 우즈 체제 시행 당시의 미국 달러 화폐 모습

화폐 하단에 'INGOLDCOIN'이라고 명시하여 금 태환 화폐임을 나타내었다. 닉슨이 금태환을 중지한 이후 달러 지폐에서 이 문구는 삭제되었다.

잃어야 했는데, 사태를 진정시키지 못한 미국의 닉슨^{Richard Nixon}대통령은 결국 1971년 8월 15일 '달러와 금의 태환 정지'^{Closing the Gold Window}에 대한 긴급 조치를 발표한다. 이것이 바로 달러가 세상을 지배하던 브레튼 우즈 체제를 종식시킨 닉슨 쇼크^{Nixon shock}*이다.

* ─────────────────────────────────

1971년 미국이 기록한 29억 달러의 무역적자는 전 세계에 큰 충격을 주었다. 같은 해 미국의 종합수지 적자는 무려 298억 달러에 달했고, 미국은 더 이상 달러 자산 가치를 떠받칠 브레튼 우즈 체제를 지속할 수 없었다. 닉슨은 달러와 금의 태환을 정지하고, 외국 통화와의 교환도 정지시키면서, 90일간 미국 내 임금 및 물가 동결, 대외원조 중지 그리고 감세 정책 등의 긴급 조치를 발동한다. 닉슨의 이런 선언은 브레튼 우즈 체제

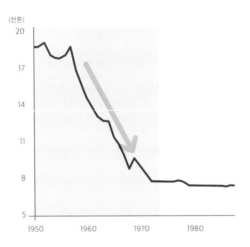

1950년 이후 미국 금 준비 규모율

브레튼 우즈 체제 출범 초기인 1948년 미국은 전 세계 금의 70.7%에
해당하는 약 244억 달러의 금을 가지고 있었다. 하지만 1959년 미국의
금 보유 규모는 195억 달러, 전 세계 기준 51.3%로 줄어들어 버린다.
1960년부터 미국 외 국가들의 달러 자산은 이미 미국을 추월했고,
베트남전이 한창이던 1970년이면 미국이 보유한 금 보유량은
겨우 90억 달러에 지나지 않게 된다. 이는 미국이 브레튼 우즈 체제에
의한 기축통화국의 지위를 유지할 수 없게 되었다는 의미와도 같았다.

출처 : Thomson Reuters

단위 : 1,000톤

를 종식시킨다는 내용과 다름이 없었으며, 이 시점부터 달러는 더 이상 금으로 태환하는 것이 불가능했다. 이후 달러는 더 이상 금본위제를 따르지 않는 신용화폐로 변형된다.

닉슨 쇼크 이후 국제 통화 질서의 혼란을 막기 위해 1971년 12월 미국, 영국, 프랑스, 독일, 일본 등 선진 10개국은 미국 워싱턴Washington, D.C.의 스미소니언 박물관Smithsonian Museum에 모여 새로운 환율 체제를 논의한다. 이때 합의된 스미소니언 협정Smithsonian Agreements*은 달러의 가치를 7.89% 떨어트려, 그동안 미국 경제를 괴롭혀온 환율 문제를 어느 정도 해소할 수 있게 만들었다. 하지만 달러가 평가 절하되자 예상치 못한 문제가 닥쳤는데, 달러 가치 하락의 손실을 떠안게 된 산유국들이 석유가격을 폭등시켜버린 것이다. 여기에 1973년 제4차 중동전쟁이 발발하면서, 1960년대 1배럴bbl 당 1.80달러 선으로 거래되던 중동산 원유는 무려 11.65달러까지 치솟았고, 이때부터 2차 대전 이후 최대의 경제 위기인 제1차 오일쇼크Oil Shock가 나타났다. 오일쇼크로 인해 1974년부터 미국은 마이너스 성장으로 돌아섰으며, 물가 상승률은 11.04%를 기록했다. 심지어 연료가 부족해 자동차의 최고 속도를 55마일mph로 제한하는 법이 통과될 정도였다. 대부분의 서방 선진국들 역시 마이너스 성장을 보였고, 개발도상국들은 350억 달러 규모의 엄청난 적자에 시달려야 했다. 이렇게 미국의 산업 경쟁력 약화와 무분별한 재정지출이 불러온 브레튼 우즈 체제의 해체는 달러가 주도한 글로벌 브랜드 시대를 종식시키며, 미국 브랜드의 영향력까지 빠른 속도로 떨어뜨리게 된다.

닉슨(Richard Nixon), 1913~1994

닉슨 대통령은 엄청난 무역적자를 이유로
브레튼 우즈 체제를 종식시켰으나, 이후 닥쳐올
오일쇼크를 예상하지 못했다.

*

닉슨 쇼크로부터 4개월 뒤인 1971년 12월, 선진 10개국(프랑스, 독일, 이탈리아, 네덜란드, 벨기에, 룩셈부르크, 미국, 영국, 캐나다, 일본)의 재무 장관들이 미국 워싱턴의 스미소니언 박물관Smithsonian Museum에서 국제통화에 관한 회의를 개최하고, 스미소니언 협정Smithsonian Agreements을 체결한다. 이들은 미국이 달러를 더 이상 금태환할 수 없다는 사실을 인정하여 달러의 가치를 7.89% 평가절하하는 데 동의했으며, 동시에 수출 경쟁력을 회복한 서유럽과 일본의 화폐는 평가절상하도록 만들었다. 한마디로 달러 환율을 낮춰서 미국의 수출이 살아날 수 있게끔 조정한 것이다. 그럼에도 불구하고 미국의 무역수지는 쉽게 개선되지 않았고, 1973년 달러의 가치는 추가 11% 평가절하되었다. 그만큼 미국의 산업 경쟁력은 약화되어 있었다.

참고자료

루안총샤오 저, 정영선 옮김, [금의 전쟁], 평단(2011), 270~276쪽

전상봉 저, [자본주의 미국의 역사: 1차 세계 대전부터 월스트리트 점령까지],
　　시대의창(2012), 177~193쪽

홍춘욱 저, [50대 사건으로 보는 돈의 역사], 로크미디어(2019), 228~230쪽

차명수 저, [금융 공황과 외환 위기, 1870~2000], 아카넷(2004), 167~177쪽

피터 자이한 저, 홍지수, 정훈 옮김, [21세기 미국의 패권과 지정학],
　　김앤김북스(2018), 192~193쪽

William Gardner 저, [BEFORE THE FALL: An inside view of the
　　pre-Watergate White House by William Safire], Routledge(2017),
　　509~520쪽

2

일본 브랜드가
떠오르다

1960년대 미국이 달러 자산 규모에서 미국 외 국가들에게 추월당할 수밖에 없었던 이면에는 2차 대전 이후 급속히 산업 경쟁력을 성장시킨 여러 나라들, 그중에서도 일본과 서독의 성장이 큰 영향을 미쳤다. 패전국인 두 나라는 전쟁 중 막대한 피해를 입었지만, 워낙 많은 산업 설비 투자가 이뤄졌던 탓에 공장 및 생산 설비 등이 상당수 남아있었으며, 이를 바탕으로 이전 수준의 산업 생산력을 쉽게 회복할 수있었다. 게다가 두 나라가 아시아와 유럽에서 공산주의 진영과의 최전선에 놓여 있었던 관계로 미국은 자본주의를 지키기 위한 협조적 경제성장을 유도해야 했다. 때문에 일본과 독일은 2차 대전 이후 세계 어떤나라보다도 많은 경제 성장의 기회를 부여받았고, 산업 경쟁력이 하락하는 미국을 대신해 전 세계 생산기지 역할을 담당하게 된다. 일본의 경우 1950년부터 1970년대 초반까지 매년 평균 9.8%씩 성장했으며, 60년대만 따진다면 평균 경제 성장률이 무려 11.4%에 달했다. 이는 1968년 당시 자본주의 국가 중 2위*에 해당하는 놀라운 수치로, 실제 1971년 미국의 무역적자 대부분이 일본과의 무역에서 나타날 정도였다.

* ——————————————————————————————

당시 통계를 정확히 확인할 수 없는 소련과 공산권 국가를 제외한다면, 일본은 전 세계 국가 중 2위의 산업 생산력을 보였다고 할 수 있다. 일본의 수출은 1960년 40억 달러에서 1965년 84억 달러로 급증하고 있었고, 이후로는 완연한 무역 흑자국의 위치로 올라선다. 2차 대전의 패전국이었던 일본이 1960년대에는 이미 선진국의 반열로 진입하고 있었던 것이다.

1950년대 일본의 경제 회복 속도는 놀라웠다. 이를 바탕으로 1959년에는 제18회 하계 올림픽^{1964 Summer Olympics}의 도쿄 개최가 확정되기도 했다. 물론 18억 달러가 넘는 미국의 엄청난 원조*가 일본 경제를 재건하는 데 큰 역할을 한 것은 사실이나, 이처럼 빠른 성장의 배경에는 1950년 발발한 한국전쟁의 영향이 컸다. 미국의 참전으로 인해 일본이 연합국 군수물자 생산기지가 되며, 엄청난 경제 특수를 일으켰던 것이다. 전쟁 첫해에만 400배가 넘는 자동차와 트럭의 수출이 이뤄졌고, GDP의 3%가 전쟁 특수자금으로 채워졌다. 1955년까지 일본이 벌어들

일본과 미국의 생산가능인구(15세부터 64세) 당 실질 GDP 변화

1941년 미국의 자동차 생산 대수는 447만 대였으나, 일본은 고작 4만 6000대 수준에 머물고 있었다.
이렇게 두 나라는 산업 생산력에서 거의 100배 이상의 격차를 보이고 있었음에도, 2차 대전 중 일본은
과감히 미국을 공격했고, 처참하게 패배했다. 이후 한국전쟁을 통해 경제 재건에 성공한 일본은
1960년대 두 자릿수의 고도성장을 달성하면서, 1980년대 아시아 최초로 G7 경제 대국의 위상을 보일
정도로 빠르게 성장했다. 하버드(Harvard University) 경영대의 에즈라 보겔(Ezra Vogel) 교수는 1979년
〈1등으로서의 일본(Japan as number one)〉을 저술해 일본의 놀라운 경제성장을 전 세계에 알렸다.
일본의 경제 성장은 이후로도 멈추지 않았고, 1990년대 1인당 국민소득이 미국의 81% 수준까지
따라잡는다.

출처 : GDP data from Maddison Project (2013), working-age population data from the
World Bank's World Development Indicators and from National Statistics
단위 : 1990년 기준 달러

인 한국전 관련 수익은 16억 달러 이상이었으며, 이를 통해 일본은 잃어버린 산업 생산력을 완전히 회복할 수 있었다.

＊ ────────────────────────────────

1946년부터 1951년까지 미국의 점령지역 구제정부자금GARIOA, Government and Relief in Occupied Areas Fund과 점령지역 경제부흥기금EROA, Economic Rehabilitation in Occupied Area Fund이 일본으로 공급되었다. 6년 동안 지속된 미국의 원조는 총액 18억 달러에 달했으며, 이 중 무려 13억 달러가 무상원조의 성격을 띠었다.

이 같은 고도성장의 중심에는 일본의 제조업이 위치했다. 60년대 일본의 연평균 경제 성장률은 11.4%에 달했는데, 전쟁 특수로 도요타Toyota, 미쓰비씨Mitsubishi, 후지중공업Fuji Heavy Industries Ltd 등의 제조업체들은 연간 14%의 성장률을 보였다. 실질적으로 일본 경제의 고도성장을 제조업이 리드했다고 할 수 있다. 이 중 도요타는 다품종소량 생산체제를 완성해내면서, 일본 제조업의 부흥을 이끈 대표적인 브랜드였다.＊ 포디

즘^{Fordism}에 기반한 미국식 대량 생산 시스템이 규모의 경제를 바탕으로 생산성 향상에 몰두했다면, 도요타의 JIT^{Just In Time} 생산방식은 필요한 때 필요한 만큼만 효율적으로 공정을 돌린다는 차이가 있었다. 이런 제조방식은 일본 제조업이 시장의 변화에 민감하게 반응하는 탄력성을 갖게 하였고, 결과적으로 세계 경제 위기가 닥쳐왔을 때 일본 브랜드가 전 세계 시장을 장악할 수 있는 결정적 원인으로 작용했다.

＊ ─────────────────────────────────

도요타는 1926년 방직공장이던 도요타 사키치^{豊田佐吉}의 도요타 방직기제작소^{豊田自動織機製作所}에서 출발했다. 발명가적 재능이 있던 사키치는 기존의 방직기보다 약 50% 이상 빠른 속도로 직물을 생산할 수 있는 자동방직기 G형을 개발하여, 이를 1927년 영국의 플랫 브라더스^{Platt Brothers}사에 약 10만 파운드를 받고 매각하는 데 성공한다. 도쿄대 기계공학과를 졸업한 그의 아들 도요타 키이치로^{豊田佐吉}는 이 자금을 바탕으로 방직공장 내부에 자동차 연구소를 만들어, 1936년 AA형 자동차와 1937년 G1형 트럭을 제조했고, 2차 대전 중 월간 2천 대 가까운 군용트럭을 일본군에 납품하면서 회사의 규모를 키울 수 있었다. 하지만, 일본이 패망하자 곧바로 재정적인 어려움에 빠져야 했고, 1950년에는 법정관리까지 받았다. 그런데 법정 관리 20일 만에 찾아온 한국전쟁은 도요타에게 기사회생의 기회를 던져주었다. 도요타는 한국전에 참전한 미군에게 직접 군용트럭을 납품하여 엄청난 수익을 벌어들였을 뿐만 아니라, 미군의 납품 기준을 충족하기 위한 품질관리 노하우까지 습득할 수 있었다.

도요타는 칸반 작업에 가로 세로 30cm X 45cm의 패널을 사용했다. 이 패널은 공정 사이의 부품 이동과 함께 전달되어 실시간으로 현재의 작업량을 조절하도록 했다. 도요타 자동차가 작업장마다 '간판'을 걸고 일한다는 소문이 업계에 퍼지면서 간판의 일본어인 칸반(看板, Kanban)이라는 이름으로 불리며 세상에 알려졌다.

한국전쟁이 마무리되어 가던 1953년 도요타의 기술 임원을 맡고 있던 오노 타이치^{大野耐一}는 전쟁 특수가 사라질 때를 대비해 대대적인 생산 시스템 개선에 돌입한다. 일본 내수 시장이 워낙 작았던 탓에 전후의 시장 상황에 맞춰 생산량을 탄력적으로 조절할 수 있는 방안이 필요하다고 판단했기 때문이다. 여기서 도출된 것이 도요타의 칸반^{看板,} Kanban(간판 또는 전표) 시스템이었다.* 도요타의 칸반은 앞으로 진행될 공정의 상황과 재고 내역을 전표 형태로 전달받아 실시간으로 현재 공정의 작업량을 조정하는 방식이었는데, 칸반 시스템에서는 다음 공정에 충분한 부품 재고가 있다면 현재 공정의 생산을 줄이거나 아예 중단하는 것이 가능했다. 이때 발생한 유휴자원들을 다른 업무에 투입할 수 있도록 도요타는 전 직원을 다기능공으로 육성시켰으며, 공정마다 불필요한 생산을 극도로 통제하여, 하청업체의 최초 작업분부터 도요타의 최종 완성분까지 모든 공정에 걸쳐 재고를 '0'에 가깝게 만들었다. 이런 도요타의 칸반은 절대적인 속도로 다음 공정을 밀어붙여야 하는 미국식 푸쉬 시스템^{Push System} 방식보다 훨씬 시장에 민감하게 반응할 수 있었고, 오히려 더 높은 효율을 나타내기 시작했다. 실제 1955년부터 1957년 사이 도요타의 생산성은 3배 이상 늘어났으며, 1964년까지는 60%의 추가 생산성 향상을 기록할 정도로 놀라운 성과를 보였다. 얼핏 보면 포디즘^{Fordism}에 입각한 미국식 시스템의 효율이 훨씬 높을 것 같지만, 무분별한 생산을 막고 적절한 공정으로 인력을 재배치하는 칸반이 결과적으로 훨씬 뛰어난 퍼포먼스를 끌어냈던 것이다. 이렇게 산업 생산력을 회복한 일본 브랜드들은 자신들의 제조 철학이 담긴 생

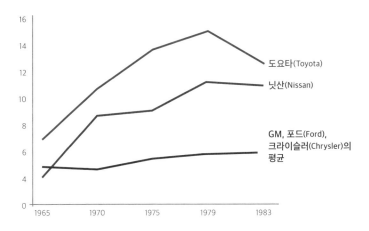

16

14

12

10

8

6

4

0

1965   1970   1975   1979   1983

도요타(Toyota)

닛산(Nissan)

GM, 포드(Ford),
크라이슬러(Chrysler)의
평균

작업자 1인당 차량 생산 대수

도요타가 채용한 칸반 시스템의 생산성은 포드식 대량 생산 시스템을 압도했다. 이는 1인당 차량 생산
대수를 통해서도 명확하게 확인할 수 있는데, 1970년대 후반 도요타의 생산성은 미국 빅 3 업체
평균보다 200% 이상 높았다. 생산 전반의 효율을 강조한 포드식 대량 생산 시스템은 절대적인 속도로
다음 공정에 도달해야 했고, 이 속도를 계속 개선하는 것이 유일한 목표였다. 하지만 도요타의 칸반은
생산 공정 간의 낭비를 철저하게 줄이는 방식으로 필요에 따라 공정을 중지하기도 했고, 인력을 빠르게
재배치할 수도 있었다. 이런 도요타의 칸반 시스템은 곧 일본 자동차 업계로 퍼져나가면서, 1960년대
일본 기업들이 미국 브랜드의 생산성을 추월하는 요인으로 작용한다.

출처 : East Asian Studies in Harvard University, 1985

단위 : 1대

오노 타이치(Taiichi Ohno), 1912~1990

일본 브랜드들은 특유의 탄력적인 생산 시스템으로 미국 브랜드들을 압도해갔다.

산 시스템을 구축하면서, 미국 브랜드들의 빈자리를 파고들었다.

＊

시장 상황에 맞게 탄력적으로 생산 공정을 조절하는 일은 도요타 자동차의 창업자 도요타 키이치로^{豊田佐吉} 시절부터 꾸준히 시도했던 방식이었다. 일본은 미국처럼 거대한 자동차 시장이 없었고, 자원마저 부족했기 때문에 포드식 대량 생산 시스템을 항상 유지할 수 없었던 이유가 컸다. 도요타의 이런 탄력적인 생산 시스템에 대한 고민은 결국 오노 타이치^{大野耐一}를 통해서 칸반^{Kanban} 시스템으로 구현된다. 칸반은 슈퍼마켓의 진열장에서 아이디어를 따왔다고 알려져 있는데, 진열장의 상품이 다 팔리면 즉시 재고를 꺼내 채워 넣고 필요한 만큼만 추가 주문을 넣는 운영 방식에서 영감을 받았다고 한다. 칸반 시스템은 도요타에서 최초로 구현되었지만, 곧 일본 제조업 전반으로 퍼져나가며 일본 기업들의 경쟁력 강화에 큰 영향을 미친다.

참고자료

노지 츠네요시 저, 김정환 옮김, [도요타 이야기], 청림출판(2018)

가타야마 오사무 저, 김대환 옮김, [세계 최강의 도요타 류], 프라임(2006), 44~72쪽

강준만 저, [미국은 세계를 어떻게 훔쳤는가], 인물과사상사(2013), 142~147쪽

임해성 저, [토요티즘], 트로이목마(2016), 199~202쪽

Yasuhiro Monden 저, [Toyota Production System: An Integrated Approach to Just-In-Time], Productivity Press(2011), 59~60쪽

Mohammad Ataul Karim, Tarek Sobh, Khaled Elleithy, Ausif Mahmood 저, [Novel Algorithms and Techniques in Telecommunications, Automation and Industrial Electronics], Springer(2008), 99~104쪽

-||||-

3

미국의 제조업이
몰락하다

1950년대 초 미국은 CIA를 통해 이란^{Iran}의 모사데크^{Mosaddeq} 정권을 무너트리고 친미 세력인 팔레비 왕조^{Pahlevi Dynasty}를 세운다. 중동 두 번째 산유국이던 이란이 2차 대전 중 연합군에게 우호적이지 않았고, 독일 쪽으로 기운 양상을 보였기 때문이다.* 미국의 비호를 받은 팔레비 왕조는 이슬람 전통을 무시한 채 26년 동안 무분별한 서구화를 밀어붙였으며, 석유 개발의 이권을 일부 계층이 독식하도록 방치해 빈부 격차를 극심하게 만들었다. 게다가 정부에 반대하는 인사들을 무력으로 탄압하는 폭압정치를 26년씩이나 이어간 탓에 이를 견디지 못한 이란 국민들이 1978년부터 종교 지도자 호메이니^{Ayatollah Ruhollah Khomeini}를 중심으로 거대한 반정부 유혈 시위를 일으켜 정권을 전복시켜버린다. 이것이 바로 1979년 발생한 이란 혁명^{Iran Revolution}이다.** 혁명이 발생하자 국제

유가가 다시금 요동치기 시작했고, 1차 오일쇼크 이후 안정기로 접어들었던 세계 경제는 또 한 번의 충격 속으로 밀려들어갔다. 여기에 1980년 이라크 사담 후세인^{Saddam Hussein}이 이란의 혼란스러운 정세를 틈타 이란-이라크 전쟁을 일으키면서, 국제 유가가 폭등하는 제2차 오일쇼크가 일어났다.

*

2차 대전 발발 후 이란은 중립을 선언한다. 하지만 이란이 당시 연합군 소속이던 소련으로의 물자 수송에 중요한 통로였기 때문에 연합군은 이란에 지속적인 협력을 요청할 수밖에 없었다. 또한 이란의 정유시설에 상당한 지분이 있던 영국은 이란 내의 독일 기술자들 추방을 직접적으로 압박하기도 했다. 그럼에도 이란이 이 모든 요청들을 거절하자, 연합군은 이란 정부를 친독일 노선으로 간주하게 된다.

**

1970년대 이란은 지금과는 상상할 수 없을 정도로 다른 모습의 국가였다. 여성들은 히잡^{Hijab}을 쓰지 않고 거리를 활보했으며, 해변에서는 비키니도 자유롭게 입을 수 있었다. 이는 모두 미국을 등에 업은 팔레비 왕조^{Pahlevi Dynasty}가 추진한 서구화 정책인 백색혁명^{White Revolution}의 결과였다. 하지만 사실상의 권위주의 전제군주제를 표방했던 팔레비 왕조는 비민주적인 통치 체제 속에 일부 계층의 석유자원 독점을 방관했고 농촌의 붕괴, 중소 상인층의 몰락 등 많은 사회적 갈등을 유발시켰다. 게다가 이슬람

종교에 대한 신앙심이 강했던 민족성 때문에 친미 성향의 정권에 반대하는 수많은 반정부 세력이 나타났으며, 팔레비 왕조는 이들을 무자비하게 탄압했다. 결국 종교 지도자 호메이니^{Ayatollah Ruhollah Khomeini}에 의해 이란 혁명이 발생하면서 수천 명의 시위대가 학살되는 등 사회적인 큰 혼란을 겪게 된다.

2차 오일쇼크는 1978년 초 배럴 당 13.66달러이던 석유 가격을 1981년 10월 38.28달러로 상승시켰다. 1차 오일 쇼크 시점부터 따져본다면, 7년 사이에 석유 가격이 무려 10배 이상 폭등한 것이었다. 두 번에 걸친 오일쇼크는 석유에 대한 높은 의존도를 보여온 세계 경제를 깊은 침체기에 빠트렸고, 원자재 가격을 상승시켜 엄청난 인플레이션을 만들어낸다. 1978년 5.54%의 경제 성장률을 달성해 겨우 1차 오일쇼크에서 탈출한 미국 경제는 1980년 다시 마이너스 성장으로 돌아서야 했으며, 물가 상승률은 1차 오일쇼크를 뛰어넘는 13.3%까지 치솟았다. 영국의 경우 18%에 가까운 인플레이션이 나타났고, 개발도상국이던 대한민국의 물가 상승률은 무려 28.7%에 달했다. 이렇게 경기 침체 속에 인플레이션이 나타나는 심각한 스태그플레이션^{Stagflation}이 발생하자, 당시 미국 연방준비제도^{Federal Reserve System, Fed} 이사회 의장이던 폴 볼커^{Paul Volcker}는 19.08%에 이르는 공격적인 금리 인상을 단행하여 위기 탈출을 시도한다. 이런 폴 볼커의 초고금리 정책은 어느 정도 효과를 보이는 듯했지만, 금리 수익을 노린 거대 해외자본들이 미국 시장으로 밀려들어오는 부작용을 낳으면서, 갑작스러운 달러 환율 급등으로 연결되었

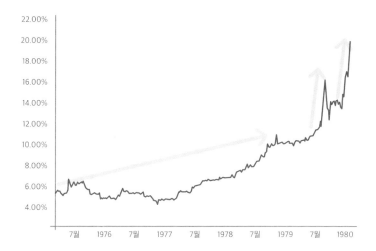

2차 오일쇼크로 인한 미국의 기준금리 인상

1차 오일쇼크에 이어 2차 오일쇼크에서도 두 자릿수의 물가 상승률이 나타나자, 미국 연방준비제도 (Federal Reserve System, Fed) 이사회 의장이던 폴 볼커(Paul Volcker)는 주저없이 미국의 기준금리를 끌어올렸다. 1977년 약 4%의 기준금리는 3년 만에 5배 가까이 상승했다. 폭등한 금리로 물가는 잡을 수 있었지만, 늘어난 이자 부담과 달러 환율의 상승으로 인해 미국 제조업은 쇠퇴의 길을 걷게 된다.

출처 : Federal Reserve

단위 : %

폴 볼커(Paul Volcker), 1927~

폴 볼커의 초고금리 정책은 미국 제조업의
붕괴를 앞당겼다.

다. 세계 경제가 위기에 빠졌다고 판단한 국가들이 달러를 안전자산으로 받아들이는 현상이 나타났기 때문이다. 산업 경쟁력에서 주도권을 잃기 시작한 1970년대의 미국 제조업은 뛰어오른 환율에 막혀 또다시 수출 경쟁력을 잃어야 했고, 20% 가까이 뛰어오른 금리는 당시 평균한 자릿수 이상의 영업이익률을 넘기기도 어려웠던 미국 기업들을 하나둘씩 무너트려갔다. 결국 글로벌 브랜드 시대를 주도한 미국 제조업 브랜드들은 생산시설을 매각하거나, 공장을 아시아로 이전하는 등 급속한 쇠락의 길을 걸어야 했으며, 세계 무대에서 차츰 모습을 감추게 된다.＊

＊ ─────────────────────────────

이때부터 자동차공업 등 중공업 시설이 밀집한 미국 중서부 지역과 북동

부 지역의 대규모 공업 단지가 산업 생산기지로서의 능력을 상실하며, 러스트 벨트[Rust Belt](쇠락한 공장지대)라고 불리기 시작했다. 미국 내의 생산시설은 인건비가 저렴한 국가로 옮겨갔고, 이때부터 Made in USA 제품이 세계 시장에서 점차 자취를 감추게 된다.

참고자료

홍완표 저, [금리의 경제학], 신론사(2008), 246~248쪽
루안총샤오 저, 정영선 옮김, [금의 전쟁], 평단(2011), 315~323쪽
전상봉 저, [자본주의 미국의 역사: 1차 세계 대전부터 월스트리트 점령까지], 시대의창(2012), 194~199쪽
홍춘욱 저, [50대 사건으로 보는 돈의 역사], 로크미디어(2019), 234~238쪽
주건명 저, [경제학사: 경제혁명의 구조적 분석], 박영사(2001), 573~579쪽

-||||-

4

일본 브랜드가
세계 최고를 넘보다

1979년 7월 1일 일본의 전자제품 제조사 소니^{Sony}는 휴대용 음향 기기인 워크맨^{Walkman}을 발표한다. 당시 기술 수준으로 볼 때 공간의 제약 없이 어디서나 음악을 들을 수 있다는 것은 엄청난 혁신이었다. 워크맨은 3만 3000엔이라는 고가에도 초도 물량 3만 대가 2개월 만에 매진되는 등 큰 반향을 일으켰고, 저가로 승부하던 일본의 전자제품 브랜드 이미지를 한순간에 바꿔놓았다. 사실 일본 전자업계의 기술 역량은 70년대에 이미 미국 등 서양의 선진국들을 넘어서고 있었으며, 최첨단 산업에서 본격적으로 자신들의 역량을 드러내는 중이었다.

다른 산업군과 마찬가지로 전 세계 전자산업 역시 미국 기업들이 지배해왔다. 에디슨$^{Thomas\ Alva\ Edison}$의 제너럴 일렉트릭$^{GE,\ General\ Electric\ Company}$으로부터 독립한 RCA$^{Radio\ Corporation\ of\ America}$와 TV, 방송기술의 선

소니의 첫번째 워크맨 TPS-L2

두주자인 필코^{Philco} 그리고 모토로라^{Motorola}의 전신이었던 갈빈^{Galvin} 등은 TV, 라디오, 전화기 등의 주요 전자산업에서 단 한 번도 주도권을 뺏긴 적이 없었다. 하지만 2차 대전의 피해를 회복한 서유럽과 일본 기업들이 산업 생산력을 되찾자 미국 전자 업체들은 더 이상 시장을 독점하지 못했고, 1960년대 들어 늘어난 미국 내 실질임금과 브레튼 우즈 체제의 고평가된 달러로 인해 가격 경쟁력까지 잃어갔다. 이들은 제품 단가를 최대한 낮추기 위해 인건비가 저렴한 국가로 제품 생산을 OEM^{Original Equipment Manufacturer}(주문자 위탁 생산)하기 시작했는데, 이때 생산을 가장 많이 수주한 곳이 바로 일본이었다. 이미 RCA는 1950년대부터 흑백 텔레비전을 일본에서 OEM 생산해왔으며, 1962년에는 최첨단 컬러텔레비전까지 위탁할 정도였다. 소형 라디오로 유명했던 에멀슨

Emerson도 60년대 후반 약 80%의 라디오 생산을 일본에 의지하고 있었다. 그러는 동안 미국 전자 업체들은 자국 내 생산라인 증설이나 생산성 향상에는 그다지 관심을 기울이지 않았고, 브랜드 장사에만 몰입했다. 오히려 일본의 OEM 생산라인에 투자하는 것이 훨씬 큰 이익으로 돌아왔기 때문이다. 급기야 1970년대로 들어서면서 미국 내에서 라디오를 직접 생산하는 업체가 하나도 남아 있지 않게 되면서 제조업의 주도권은 완전히 일본으로 넘어가고 만다.

1973년에 불어닥친 제1차 오일쇼크는 2달러 내외이던 국제유가를 11달러 선으로 올려 놓았다. 그리고 1978년부터 이란 혁명과 이란-이라크 전쟁 등으로 발생한 2차 오일쇼크로 국제유가는 38달러 선까지 폭등한다. 원자재 가격은 천정부지로 치솟았고, 늘어난 원가는 고스란히 제조사로 전가되었다. 하지만 60년대 대규모 OEM 생산을 통해 규모의 경제를 확보한 일본 기업들은 원가 압박에서부터 미국의 기업들보다 유리한 위치를 점할 수 있었으며, 저임금 구조의 노동시장을 활용해 가격 경쟁력 면에서도 더욱 큰 두각을 나타냈다. 게다가 일본산 제품들은 오랜 OEM 생산의 경험을 통해 품질마저 미국산 제품들을 거의 따라잡은 상태였다. 이제 미국 브랜드들과 어느 정도 겨뤄볼 수 있을 거라고 판단한 일본 기업들은 미국 제조업의 경쟁력이 약화된 틈을 타 1970년대부터 OEM 제품이 아닌 오리지널 브랜드를 미국 시장에 진출시키기 시작한다. 일본 최대 전자 업체 마쓰시타Matsushita는 내셔널National 브랜드를 밀어붙였고, 하야카와Hayyakawa는 샤프Sharp 브랜드를 론

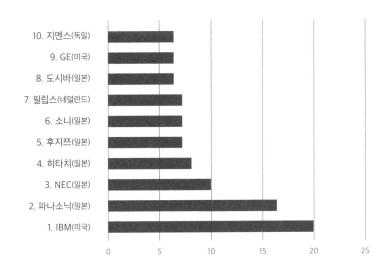

1982년 전세계 10대 전자제품 브랜드의 매출액 비중

1970년대 미국 시장에 본격적으로 진출하기 시작한 일본 브랜드들의 성장세는 무서웠다. 1980년대 초반이 되자 전 세계 10대 전자기업 중 6개의 기업이 일본 브랜드로 채워질 정도였다. 전자제품 시장에서 일본 브랜드의 매출 비중은 무려 60%에 가까웠는데, 이 정도면 일본 브랜드들이 전 세계 전자제품 시장을 완전히 장악했다고 볼 수 있다.

출처 : Electronic News, 1983

단위 : %

SONY.

칭했다. 소니Sony는 아예 미국 진출 초기부터 자사의 브랜드만을 고집할 정도였다. 가격 경쟁력과 품질까지 갖춘 일본산 제품들은 침체되어 있던 미국 소비시장에 엄청난 영향력을 나타냈으며, 이미 생산라인의 주도권을 잃어버린 미국 전자 업체들을 빠른 속도로 무너트렸다. TV 제조사였던 매그노복스Magnavox는 70년대 네덜란드 기업인 필립스Philips로 넘어갔고, 에멀슨Emerson의 라디오 사업부와 월풀Whirlpool의 TV 제조사이던 워윅Warwick은 일본 기업 산요Sanyo로 팔려갔다. 이후 80년대까지 미국의 주요 전자 업체인 필코Philco, 실바니아Sylvania, 록웰 인터내셔널Rockwell International 등도 회사 지분을 외국에 넘겨야 했으며, 업계의 선두주자 RCA마저 경영악화로 GE에 매각되었다. 한마디로 미국 전자업계가 순식간에 몰락한 것이다.

미국 제조업의 몰락 속에 1980년대 초반이 되면 전 세계 10대 전자 제품 브랜드 중 6개가 일본 기업으로 채워진다. 이런 일본 브랜드의 급격한 부상은 1960년대에 대규모로 진행된 OEM 수주에서 비롯되었다고 할 수 있지만 그 이면에는 기술적 진보를 위한 일본 기업들의 집요한 노력을 무시할 수 없다. 일본 기업들은 OEM 생산 과정 속에 선진 기술을 적극적으로 내재화했고, 기회가 될 때마다 미국 기업들의 특허와 기술 권리를 꾸준히 사들였다. 게다가 미국 전자업계가 소련과의 치열한 냉전에만 집중한 나머지 첨단 군산기술, 우주과학 등을 제외한 민

좌) **이부카 마사루(井深大), 1908~1997**

우) **모리타 아키오(盛田昭夫), 1921~1999**

그들은 현대적인 브랜드를 유발시킨 최초의
근대화된 대량 생산 시스템을 탄생시켰다.

간 부문의 기술 유출에는 그다지 보수적이지 않았던 관계로, 일본 기업들은 별다른 견제 없이 미국 기업들의 상용화된 기술을 응용해 놀라운 기술 발전을 달성할 수 있었다. 이런 일본 제조업의 성장기에서 우리가 가장 주목할 만한 브랜드는 바로 워크맨을 개발한 기술의 상징 소니^{Sony}이다.

소니는 1945년 와세다 공대 출신의 이부카 마사루^{井深大}와 오사카 제국대에서 물리학을 전공한 모리타 아키오^{盛田昭夫}가 도쿄의 니혼바시^{日本橋} 백화점 내에 라디오 수리점을 차리면서 시작되었다. 이들은 미군에서 흘러나온 각종 전자제품들을 통해 미국의 선진기술을 익혔고, 전기밥솥, 전기방석, 레코드 픽업, 진공관 등을 만들어 판매했다. 이후 도쿄통신공업주식회사^{東京通信工業株式会社}(도츠코)라는 법인을 만들어* 방송사 NHK에 다양한 방송장비 등을 납품하면서 회사 규모를 키웠으며, 1950년부터는 진공관 기술이 사용된 마그네틱테이프 레코더인 G-Type 등의 개발에 성공해 본격적인 전자제품 제조업체로서의 면모를 갖춰냈다. 이런 소니가 본격적인 존재감을 드러낸 것은 1952년 미국의 웨스턴 일렉트릭Western Electric 으로부터 트랜지스터Transistor 특허 사용권을 2만 5000달러에 사들이는 모험을 단행하면서부터이다. 트랜지스터는 1947년 웨스턴 일렉트릭사가 지분을 소유한 벨 연구소Bell Lab에서 개발된 일종의 반도체로서 소리를 증폭하는 진공관의 크기를 220분의 1로 줄일 수 있는 혁신적인 기술이었다. 소니는 이 기술을 마음껏 응용하기 위해 특허 사용권 자체를 인수했고, 약 2년여의 시행착오 끝에 드디어 1955년 최소형 트랜지스터 라디오 TR-52를 만드는 데 성공한다. 비록 미국의 리전시Regency사가 한 달 먼저 트랜지스터 라디오 TR-1을 발표한 관계로 세계 최초라는 수식어는 놓쳤지만, 소니의 기술력은 세계적인 주목을 받게 되었다.**

---

*

1958년까지 소니의 정식 사명은 도쿄통신공업주식회사東京通信工業株式会社(도츠코)였다. 하지만 창업자 이부카 마사루井深大는 미국을 방문했을 때 미국인들이 자신의 이름을 '아이-뷰-카' 등으로 부르는 것을 보고 도츠카라는 회사명을 바꿔야겠다고 느낀다. 그는 누구나 쉽게 기억하고 발음할 수 있는 글로벌한 네이밍을 찾았으며, 그렇게 탄생된 것이 바로 소니Sony이다. Sony는 라틴어로 소리를 뜻하는 'Sonus'와 젊음, 소년 등의 이미지를 나타내는 'Sonny' 등을 합성하여 만들어졌다.

AA 건전지로 작동되던 도츠코의 휴대용 트렌지스터 라디오 '소니 TR-55'

** _____

처음에 소니가 확보했던 트랜지스터 기술은 매우 기초적인 수준이었다. 웨스턴 일렉트릭^Western Electric 은 트랜지스터 사용권을 판매하면서 보청기를 만들어 보라는 제안을 할 정도였다. 하지만 소니의 기술진은 이를 훨씬 뛰어넘는 TR-52 트랜지스터 라디오의 개발에 성공했고, 전 세계적인 큰 관심을 받을 수 있었다. 당시 미국 시계 기업 부로바^Bulova 는 소니에게 자사의 로고가 담긴 10만 대의 OEM 라디오 주문 제작을 의뢰하기도 했는데, 10만 대는 소니의 미래를 바꿔놓을 만큼 엄청난 양이었음에도 소니는 이를 거부한 채 자력으로 해외 진출을 시도한다. 이처럼 소니가 트랜지스터 라디오에 성공했다는 사실은 2차 대전에서 패망한 지 10년도 되지 않았던 일본 산업의 성장 속도를 반증하는 사건이 된다.

트랜지스터 기술력에 자신감이 붙은 소니는 영상 분야에도 뛰어들어, 1959년 최초의 8인치짜리 휴대용 트랜지스터 TV인 TV8-301를 개발했고, 1962년에는 더 작은 5인치짜리 TV(TV5-303)를 선보였다. 1967년에는 기존 컬러 TV보다 압도적으로 밝고 선명한 트리니트론^{Trinitron} 브라운관 기술을 양산해내면서 트랜지스터 이외의 분야에서도 기술력을 자랑했다. 하지만 무엇보다 기술의 소니라는 브랜드 이미지를 만든 것은 1979년 발매된 워크맨^{Walkman}이었다.* 당시 기술 수준으로 보면 공간의 제약 없이 어디서나 음악을 들을 수 있다는 것은 엄청난 혁신에 가까웠다. 게다가 워크맨은 최초로 음악을 개인화한 기기였으며, 전자제품이 가족이나 구성원들 간의 공유물이 아닌 개인소유가 되는 경험을 처음으로 전달한 제품이기도 했다. 워크맨은 출시 2개월 만에 초도 물량 3만 대가 모두 매진되는 등 여러 차례 증산을 단행했음에도 수요를 맞추기 어려울 정도로 팔려나갔다.** 심지어 너무 유명해진 탓에 영어 문법이 맞지 않는 워크맨^{Walkman}이라는 단어가 전 세계시장에서 휴대용 음악 재생기기의 대명사처럼 사용되어버릴 정도였다. 워크맨은 1995년까지 무려 1억 5000만 대가 생산되었으며, CD^{Compact Disc}와 MD^{Mini Disc} 등 새로운 미디어까지 감안하면 생산량은 4억 대를 넘겼을 것으로 예상된다. 워크맨의 성공은 미국 제조업의 몰락 속에 일본 브랜드가 전 세계 패권을 장악할 신호탄과도 같았다.

---

*

소니는 60년대부터 대중화되기 시작한 컴팩트 카세트테이프^{Compact Cassette Tape} 시장을 노리고, 1966년 TC-100이라는 카세트테이프 레코더를 개발

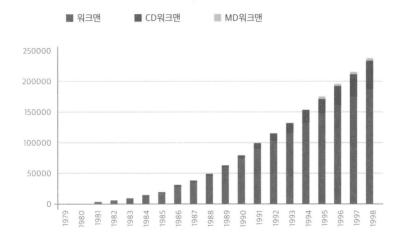

워크맨 발매 후 20년간 누적 판매대수

1979년 발표된 워크맨은 역사상 가장 유명한 전자제품 중 하나라고 할 수 있다. 처음에는 카세트테이프를 미디어로 활용하던 워크맨은 1984년 D-50 모델을 통해서 CD(Compact Disc) 재생 기능을 추가했고, 이후 디스크맨(Discman)이라는 라인업이 더해진다(2000년부터는 아예 CD 워크맨으로 변경). 1991년에는 CD를 카세트테이프처럼 자유롭게 쓰고 지울 수 있는 MD 기술이 도입되며, MD 워크맨까지 모델이 늘어났다. 하지만, 2000년대 디지털 음원의 등장으로 카세트테이프나 CD, MD를 사용하는 워크맨의 판매가 감소하기 시작했고, 워크맨은 물리적 미디어를 재생하는 본연의 컨셉에서 벗어나 MP3 등의 디지털 파일을 재생할 수 있는 제품으로 변해간다. 2010년대 중반까지 워크맨 브랜드로 판매된 제품은 대략 4억 대에 가까웠으며, 이 중 약 2억 대 정도가 카세트테이프를 플레이할 수 있는 워크맨이었다.

출처 : Sony Press, 1999
단위 : 1,000대

했으며, 1968년에는 크기를 훨씬 줄인 초소형 TC-50을 선보였다. TC-50은 미국 나사^{NASA}의 아폴로 7$^{Apollo\ 7}$ 프로젝트에 채용되어 실제 우주 조종사들의 개인 임무를 녹음하는 데 사용되기도 했다. 이후 1973년 전문가용 카세트테이프 레코더인 TC-2850이 출시되고, 이 기술은 1977년 초소형 레코더인 프레스맨^{Pressman}으로 이어졌다. 프레스맨의 기본 원리를 바탕으로 스테레오 출력 기능을 강화한 것이 바로 1979년 7월 탄생한 워크맨^{Walkman}이다.

＊＊ ─────────────────────────────────

워크맨^{Walkman}은 사실 발매 첫 달에는 3천대밖에 팔리지 않는 등 초기 반응이 좋지 않았다. 너무도 파격적인 콘셉트의 제품이었고, 가격이 워낙 고가였기 때문이었다. (참고로 워크맨의 출시 가격이던 3만 3000엔은, 발매 당시가 소니의 창립 33주년이었기 때문에 붙여진 가격표였다.) 하지만 소니의 젊은 사원들이 신주쿠의 번화가에 나가 워크맨을 사람들에게 들려주고, 인기 가수들에게 워크맨을 나눠주는 등의 적극적인 홍보 활동을 벌인 결과 워크맨은 공급이 따라가지 못할 만큼 엄청난 인기를 얻기 시작한다.

참고자료

소니 홍보센터 저, 이혁재 옮김, [소니 자서전], 상상북스(2000)
김진백 저, [강한 자가 아니라 적응하는 자가 살아남는다], 성안당(2012),

299~307쪽

오가 노리오 저, 안소현 옮김, [소니, 할리우드를 폭격하다], 루비박스(2004),
95~106쪽

Robert Grayson 저,[Sony: The Company and Its Founders], Essential
Library(2012), 11~14쪽

Steven Miles 저,[Consumerism: As a Way of Life], SAGE Publications
Ltd(1998), 40~41쪽

5

전 세계가
일본 컨텐츠에 열광하다

1970년대 전통적인 영역에서 주도권을 잃어버린 미국 제조업은 첨단 기술 영역을 통해 반전을 노리게 된다. 1971년 미국의 반도체 제조 기업 인텔^{Intel}이 2,300개의 트랜지스터^{Transistor}를 집적시켜 만든 마이크로프로세서^{Microprocessor} Intel 4004를 개발해 내며 컴퓨터의 제어, 연산을 가능하게 하는 중앙처리장치^{CPU, Central Processing Unit}를 상용화시킨 것이다. 이는 일본을 비롯한 서유럽의 선진국들이 쉽게 추격하기 힘든 첨단 기술이었다.* 그리고 마이크로프로세서를 통해 전혀 새로운 장르의 전자제품 시장이 형성되기 시작하는데, 바로 개인용 컴퓨터^{PC}와 비디오 게임기였다.

미국은 이미 1960년대부터 첨단 기술인 컴퓨터 산업에서 선두를 달리고 있었다. 미국의 대표적인 컴퓨터 기업 IBM^{International Business Machines Corporation}은 이미 1964년부터 최초의 기업용 컴퓨터 시스템인 360 시리즈를 판매했고, HP^{Hewlett-Packard} 역시 1966년 HP 1000 시리즈로 컴퓨터 시장에 진입한 상태였다. 하지만, 당시 컴퓨터 제품들은 너무도 고가였던 탓에 대중화에 어려움이 많았다. 개인이 구매할 수 있을 만한 제품은 마이크로프로세서의 가격이 저렴해지기 시작한 1975년 이후에 등장하기 시작한다.

1975년 미국의 반도체 설계 및 제조기업 모스 테크놀로지^{MOS Technology}는 MOS 6502라는 25달러짜리 초저가형 마이크로프로세서를 발표한다.* 이 MOS 6502의 등장 이후 시장에서 마이크로프로세서의 가격이 급락하게 되고, 본격적으로 마이크로프로세서를 채용한 첨단 제품들이 나타났다. 유명한 애플^{Apple}의 Apple I, Apple II 컴퓨터와 코모도어^{Commodore International}의 Commodore PET 등도 모두 MOS 6502 계열의 프로세서를 사용한 제품이었다. 당시 MOS 6502가 채용된 제품들 중 가장 상업적인 성공을 거둔 제품은 바로 1977년 등장한 아타리 2600^{Atari 2600}이라고 할 수 있다. 아타리 2600은 1972년 놀란 부쉬넬^{Nolan Bushnell}에 의해 설립된 비디오 게임업체 아타리^{Atari}**가 개발한 제품으로, 트랜지스터가 아닌 첨단 마이크로프로세서를 사용한 최초의 홈 비디오 게임기였다. 아타리 2600은 판매 첫해에만 40만 대가 팔려나갔고, 마케팅이 본격화된 이듬해부터 판매 속도가 두 배씩 뛰어올라

1977년 발매된 아타리 비디오 컴퓨터 시스템(Atari Video Computer System, 이후 아타리 2600으로 네이밍 변경)은 게임 카트리지를 교체하면 다양한 게임을 즐길 수 있는 가정용 비디오 게임기였다.

1979년 크리스마스 시즌에는 판매량이 1백만 대에 달했다. 그리고 1980년 공전의 히트 게임인 스페이스 인베이더$^{Space\ Invaders}$가 이식되며, 아타리의 매출은 4억 달러를 넘어선다. 1980년대 초 아타리는 미국에서 가장 빨리 성장하는 브랜드 가운데 하나로 평가받았고, 1982년 매출은 무려 20억 달러에 육박하게 된다. 이후 Odyssey², Intellivision, ColecoVision, Vectrex 등 마이크로프로세서를 사용한 게임기들이 쏟아져 나오면서, 1982년까지 미국 홈 비디오 게임 시장 규모는 32억 달러 수준까지 급격히 뛰어올랐다.

＊ ───

모토롤라^{Motorola}는 1973년부터 자사의 TV 사업부를 마쓰시타^{Matsushita}에 매각하고, 마이크로프로세서^{Microprocessor} 제조에 전념하고 있었는데, 당시 메인 엔지니어 척 페들$^{Chuck\ Peddle}$과 그의 연구팀이 저가형 프로세서 제작에 적극적이지 않았던 모토롤라를 떠나 신생 기업인 모스 테크놀로지$^{MOS\ Technology}$로 이직하는 일이 발생한다. 이들이 개발한 것이 바로 MOS 6502라는 25달러짜리 초저가형 마이크로프로세서였다. 모토롤라가 개발한 주력 마이크로프로세서의 가격이 175달러였던 것을 감안하면, 25달러는 정말 파격적인 가격이었다. MOS 6502는 1975년 샌프란시스코의 전자부품 박람회$^{Wescon,\ Western\ Electronics\ Show\ and\ Convention}$에 정식 출품되었고, 시장의 엄청난 관심을 모았다. MOS 6502로 인해 컴퓨터 시스템들의 가격이 낮아질 수 있었으며, 이때부터 본격적으로 마이크로프로세서가 탑재된 첨단 소비재 가전제품이 나타나기 시작했다.

아타리^{Atari}는 1972년 놀란 부쉬넬$^{Nolan\ Bushnell}$에 의해 설립된 비디오 게임기 제작 업체이다. 아타리는 트랜지스터 기술을 사용해 동전을 넣고 플레이를 하는 아케이드^{Arcade} 게임기인 퐁^{Pong}의 제조사이기도 하다. 퐁은 두 명이 간단한 탁구를 즐길 수 있는 게임기였는데, 출시 1년 만에 1만여 대가 팔려나갈 정도로 인기를 모았고, 최초로 상업적인 성공을 거둔 비디오 게임기가 된다. 이후 아타리는 벽돌깨기$^{Break\ Out}$, 애스트로이즈^{Asteroids}, 탱크^{Tank}, 루나 랜더$^{Lunar\ Lander}$ 등을 연이어 히트시키면서, 매월 5%씩 미국 게임 시장을 성장시켰다. 게임 시장의 가능성을 확인한 아타리는 1975년 모스 테크놀로지$^{MOS\ Technology}$의 6502 마이크로프로세서를 사용해 차세대 게임기 제작에 도전했고, 1977년 199달러짜리 아타리 2600$^{Atari\ 2600}$의 완성에 성공한다. 아타리로 인해 미국의 비디오 게임 시장이 촉발되었다고 해도 과언이 아니다.

빠른 속도로 성장하던 미국 홈 비디오 게임 시장은 1982년을 기점으로 갑자기 극심한 침체기에 빠져든다. 1985년까지 단 3년 만에 32억 달러 수준이던 시장 규모가 1억 달러 수준으로 내려앉았고, 게임 관련 업체들의 줄도산이 이어졌다. 아타리 역시 이 위기를 피하지 못했다. 이를 일각에서는 아타리 쇼크$^{Stari\ Shock}$라고 부른다. 아타리 쇼크의 가장 주요한 원인은 포화된 시장 속의 무분별한 경쟁이었지만, 시장의 침체를 더욱 가속화시킨 것은 컨텐츠 품질 문제라고 볼 수 있다. 당시 누구나 게임 카트리지만 만들어내면 큰돈을 벌 수 있었기 때문에 에러투성이의 불량품들이 대량으로 쏟아져 나왔던 것이다. 심지어 성인용 음란물과 폭력적인 저질 컨텐츠까지 아이들에게 무분별하게 유통되면서, 소비자들은 게임 시장을 외면하기 시작했다. 이런 분위기 속에 1982년 3월, 아타리가 야심차게 내놓은 팩맨Pac-man이 심각한 에러와 조악한 그래픽 탓에 500만 장이 불량 재고로 남겨졌고, 그해 겨울, 영화로도 큰 흥행을 거둔 E.T가 400만 장의 선주문을 받았음에도, 50만 장도 채 팔리지 않는 사태까지 나타난다.* 결국 1983년 아타리는 무려 5억 3000만 달러의 손실을 입었는데, 이런 사태에도 아타리의 경영진은 뉴멕시코New Mexico 주의 앨러머고도Alamogordo 사막에 수백만 장의 재고 게임 카트리지를 몰래 파묻는 등 문제를 회피하는 데만 급급하다 손실액을 1984년 7억 달러까지 키워버린다. 위기를 버틸 수 없었던 아타리는 세 개의 회사로 쪼개졌고, 마이크로프로세서라는 첨단 기술로 탄생된 미국 비디오 게임산업은 아타리의 몰락과 함께 급격한 쇠퇴의 길을 걷게 되었다.**

*─────────────────────────────────

아타리는 E.T의 판권을 획득하기 위해 무려 2천5백만 달러의 로열티를 지불했으나 정작 충분한 자금을 게임 제작에 투자하지 않았다. E.T 개발은 단 6주 만에 끝나버렸고, 도저히 판매될 수 없을 정도의 조악한 품질로 출시되었다. 이것은 E.T뿐만의 문제가 아니었으며, 당시 시장에 유통된 대부분의 게임들이 이런 식으로 소비자들에게 엄청난 실망감을 안겨주고 있었다.

아타리는 메인 사업부인 홈 비디오 게임사업부[Atari's consumer electronics and home computer divisions]를 미국의 신생 컴퓨터 기업인 트라미엘 테크놀로지[Tramiel Technology]에 매각했고, 대형 아케이드 게임기를 만들던 아타리 게임즈는 일본 남코[Namco]에 넘겼다. 비디오 전화기를 개발하던 아타리텔[Ataritel]은 일본의 미쓰비시[Mitsubishi]가 인수했다. 이렇게 아타리는 아타리 쇼크로 인해 철저하게 공중분해 되었다.

아타리 쇼크로 비디오 게임 시장이 바닥을 찍던 1985년 10월, 일본 기업 닌텐도[Nintendo]는 홈 비디오 게임기인 NES[Nintendo Entertainment System]를 미국에 출시한다.＊ 당시 비디오 게임이라는 단어 자체가 매우 부정적으로 인식되었기 때문에, NES는 비디오 게임기라는 명칭을 사용하지 않았고, 전자제품이 아닌 장난감 시장으로 진입했다. 게다가 정식 출시도 아닌 뉴욕에만 한정된 시범 출시였다. 우려와 달리 닌텐도 NES는 출시 3달 만에 9만여 대가 팔려나갔으며, 이듬해인 1986년까지 판매량이 총 110만 대에 달할 정도로 큰 인기를 모은다. 이로 인해 1억 달러 수준으로 줄어들었던 미국 비디오 게임 시장은 1년 만에 4배의 회복세를 보였고, 닌텐도는 1988년 23억 달러의 매출과 70%의 시장 점유율을 달성했다. 최악의 상황 속에서도 닌텐도가 이같이 빠른 성공을 거둘 수

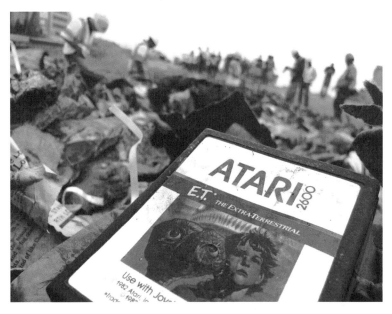

1983년 뉴욕 타임즈(The New York Times)는 아타리가 재고 게임 카트리지를 앨러머고도(Alamogordo) 사막에 파묻었다고 보도했다. 당시 보도로는 트럭 약 14대분에 이르는 엄청난 양이었다고 한다. 아타리는 이 보도에 대해 부인했지만, 결국 30년이 지난 2014년 이 게임 카트리지들이 발굴되며 모두 사실로 밝혀졌다.

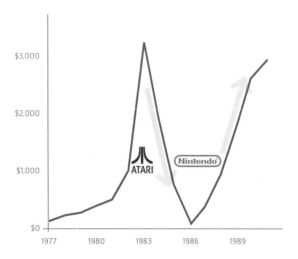

미국 홈비디오 게임 시장 규모

퐁(Pong)으로 비디오 게임 시장을 개척한 아타리는 아타리 2600으로 홈 비디오 시장까지 만들어냈다. 아타리 2600의 성공에 힘입어 미국 홈 비디오 시장은 1982년 32억 달러의 규모로 성장했지만, 3년 만에 무려 97%가 사라질 정도로 어려움을 겪었다. 무너진 시장을 다시 회복시킨 것은 바로 닌텐도였다.

출처 : Amusement & Music Operators Association, Nintendo, PC Data, NPD, Veronis Suhler, Vending Times (1978~2001)

단위 : 백만 달러

있었던 비결은 바로 압도적인 경쟁력을 갖춘 컨텐츠에 있었다. 당시 닌텐도는 천재 디자이너 미야모토 시게루宮本茂**가 제작한 슈퍼 마리오 브라더스Super Mario Bros.를 번들로 끼워줬고, 젤다의 전설Legend of Zelda, 메트로이드Metroid, 파이널 판타지Final Fantasy, 록맨Rockman 등의 대규모 히트 컨텐츠들을 연이어 발매하면서 소비자들을 다시금 비디오 게임 시장으로 끌어들였다. 게다가 아타리의 전철을 밟지 않기 위해 다른 업체에서 제작된 게임이라고 할지라도 완성된 게임 소프트웨어를 모두 직접 검증한 뒤 시장에 내보냈는데, 이런 닌텐도의 철저한 컨텐츠 관리는 훗날 NES가 미국 게임 시장을 완벽하게 장악하는 비결이 되었다.

*

닌텐도는 1889년 야마우치 후사지로山内房治郎의 화투花鬪 제조회사로부터 출발하여, 1951년에는 일본 최초로 서양식 트럼프 카드와 디즈니 캐릭터 카드를 제작하는 등 오랫동안 카드 게임 분야에서 성공 가도를 달렸다. 하지만 1960년부터 사업 다각화를 위해 시도했던 택시, 러브호텔, 식료품 제조 등이 대부분 큰 실패로 돌아가며 부도의 위기까지 몰린다. 결국 기존의 카드 게임 사업과 연관 있는 분야로 눈을 돌릴 수밖에 없었는데, 다행히 1966년 출시한 울트라 핸드Ultra Hand라는 장난감이 출시 1년 만에 120만 개가 팔려나가면서 닌텐도를 기사회생시켰다. 이후 1970년대부터 새롭게 탄생한 비디오 게임 시장에도 뛰어들어 대형 아케이드 게임기인 레이더 스코프Rador Scope로 일본 시장에서 큰 반향을 일으켰으며, 후속작인 동키콩Dongkey-kong은 6만여 대가 미국 시장에 판매될 정도로 괜찮은 성공을 거두었다. 이런 닌텐도가 본격적으로 게임 시장에서 두각을 나타낸 것은 1980년 게임 앤 워치^{Game & Watch}가 발매된 이후부터이다. 셔츠 주머니에 들어갈 정도로 작은 사이즈였던 게임 앤 워치는 출시되자마자 60만 개가 팔려나갔고, 1982년 닌텐도의 매출을 무려 662억 엔까지 끌어올렸다. 게임 앤 워치의 성공으로 닌텐도는 게임 산업을 이어갈 강력한 동력을 마련할 수 있었으며, 이 과정에서 1983년 아타리 2600에 대항할 만한 닌텐도 패미컴^{Famicom}을 완성하게 된다. 이 패미컴의 미국 시장 버전이 바로 NES^{Nintendo Entertainment System}이다.

＊＊ ─────────────────────────────────

닌텐도가 게임업계 진출에 힘쓰던 1977년, 가나자와 미술공예대학^{金沢美術工芸大学}을 졸업한 디자이너 미야모토 시게루^{宮本茂}가 닌텐도에 입사한다. 당시 닌텐도는 신입 사원을 채용하지 않았었는데, 닌텐도의 대표 야마우치 히로시^{山内溥}와 미야모토 시게루의 아버지 사이에 친분이 있었기 때문에 입사가 가능했다. 미야모토 시게루는 처음엔 게임기의 외부 색상을 정하는 일을 맡았으나, 곧 레이더 스코프^{Rador Scope}의 후속작인 동키콩^{Dongkey Kong} 디자인을 담당하게 된다. 당시 레이더 스코프는 일본에서 큰 인기를 끌었지만, 미국으로 수출된 3000여 대의 물량 중 2000여 대가 재고로 남겨진 상태였다. 미야모토 시게루는 레이더 스코프의 큰 틀은 유지한 채 부분적인 그래픽을 바꿔 동키콩을 완성했고, 이 동키콩은 미국 시장에서 6만 대가 판매될 정도로 괜찮은 성적을 거둔다. 이후 동키콩에 등장한 점프맨^{Jump Man}을 바탕으로 1983년 마리오 브라더스^{Mario Bros.}를 디자인

슈퍼 마리오 시리즈는 지금까지 약 2억 6천만 장이 넘게 팔린 닌텐도 최고의 히트작이다. 현재도 시리즈가 이어지고 있으며, 엄청난 판매량으로 인해 기네스북에도 등재되었다. 닌텐도는 아타리의 실패를 교훈으로 삼아 게임 컨텐츠의 품질 관리를 매우 치밀하게 진행했고, 슈퍼 마리오 같은 인기 컨텐츠들을 꾸준히 성공시켰다.

했으며, 1985년에는 닌텐도 최고의 히트작인 슈퍼 마리오 브라더스^{Super Mario Bros}를 탄생시켜 야마우치 히로시로부터 천재 디자이너라는 별명을 얻는다. 그는 단순히 게임의 그래픽만 담당했던 것이 아니라 직접 게임 시나리오를 쓰고, 음악을 작곡하는 등 게임 제작 전반에 관여하는 프로듀서에 가까웠다.

닌텐도가 이처럼 빠르게 미국 시장을 공략할 수 있었던 이면에는 급속히 성장한 일본의 컨텐츠 제작 역량이 핵심적인 역할을 담당했다. 1990년대까지 닌텐도는 700여 종의 게임 컨텐츠로 미국 게임 시장 점유율 90%를 달성했는데, 이 중 약 65% 이상이 일본에서 기획된 컨텐츠였다. 2차 대전 이후 엄청난 산업적 성장을 이뤄낸 일본 기업들이 고부가가치의 컨텐츠 산업에서도 큰 역량을 드러낸 것이다. 사실 이러한 일본의 컨텐츠 제작 능력은 이미 1960년대부터 가능성이 엿보였다. 1963년 데츠카 오사무^{手塚治虫*}가 제작한 TV 애니메이션 철완 아톰^{鉄腕 アトム, Astro Boy}의 판권이 미국 NBC 방송사에 팔리며, 2년 동안 미국 시장에 방영된 적이 있었고, 우리에게 철인 28호로 알려진 기간토^{Gigantor}, 디즈니의 라이온킹에 많은 영향을 주었을 것으로 추측되는 백사자 킴바^{Kimba the White Lion}, 마린보이^{Marine Boy}, 스피드레이서^{Speed Racer} 등도 미국에 판매되었다. 당시 알프스 소녀 하이디^{Heidi}, 꼬마 바이킹 비키^{Vicky the Viking} 등은 유럽까지 팔려나갔다. 이후 1970년대 미국 내 아동용 컨텐츠에 대한 심의가 강화되자 일본 애니메이션의 수출이 잠시 주춤하기도 했지만, 1970년대 후반부터 마징가 Z^{Mazinger Z}, 독수리 오형제^{Battle of the Planet},

기동전사 건담^{Mobile Suit Gundam} 등이 미국과 남미, 유럽 등지에서 방영되며, 일본 컨텐츠의 지속적인 성장 가능성을 입증했다.

＊ _____

애니메이션 산업이 발달하기 이전부터 일본 내에는 망가^{Manga}라고 불리는 일본 특유의 거대한 출판만화 시장이 형성되어 있었다. 2차 대전 패전의 여파로 자본이 많이 드는 영화 등의 대규모 컨텐츠보다 만화나 그림 연극과 같은 소규모 컨텐츠 산업이 발전했던 것이다. 여기서 배출된 많은 작가들이 1960년대부터 고부가가치 산업인 애니메이션에 뛰어들기 시작한다. 이 중 만화의 신으로 평가받는 데츠카 오사무^{手塚治虫}는 1963년 최초의 TV 애니메이션 시리즈 철완 아톰^{鉄腕アトム, Astro Boy}을 완성하며 일본 애니메이션의 상업적인 성장을 이끌어냈다. 특히 데츠카 오사무는 리미티드 애니메이션^{limited animation}이라고 불린 독특한 화면 전개 방식을 사용했는데, 대부분 동일한 화면을 반복적으로 사용하거나, 화면의 일부만 움직이도록 하는 등 극도의 효율성을 위한 기법으로 채워졌다. 이는 제작비가 부족한 일본의 제작 여건을 고려한 어쩔 수 없는 선택에 가까웠다. 당시 30분 분량의 애니메이션을 제작하기 위해서는 약 1만 5000장의 작화를 사용하는 것이 일반적이었지만, 데츠카 오사무의 리미티드 애니메이션에서는 1500장으로도 비슷한 완성도를 맞춰내는 것이 가능했다. 게다가 극의 완성도와 내용 전달 면에서도 크게 부족함이 없었고, 오히려 일본식 애니메이션만의 독특한 개성을 담아낼 수 있었다. 일본 애니메이션은 이 같은 효율적인 제작 방식을 바탕으로 세계 시장에서 막강한 경쟁력을 확보하게 되었다.

데츠카 오사무(手塚治虫)의 철완 아톰(鉄腕 アトム, Astro Boy)은 일본 컨텐츠가 해외에서 성공을 거둔 첫 번째 사례였다.

1970년대로 들어서면 일본의 컨텐츠 제작 역량은 보다 더 큰 부가 가치를 창출할 수 있는 비디오 게임 산업으로 옮겨가기 시작한다. 1972년 아타리^{Atari}가 동전을 넣고 플레이하는 트랜지스터 게임인 퐁^{Pong}을 개발하여 큰 히트를 치자, 일본 기업들도 이 시장에 앞다투어 뛰어든 것이다. 파친코^{Pachinko}, 인형 뽑기 기계 등을 제조하던 일본 기업 타이토^{Taito}는 1973년 아타리 퐁을 카피한 엘레퐁^{Elepong}으로 일본시장에 최초의 아케이드 비디오 게임기를 선보였고, 세가^{Sega}도 퐁트론$^{Pong-Tron}$이라는 비슷한 컨셉의 게임을 발매했다. 회전목마를 만들던 남코^{Namco}는 50만 달러에 아타리 일본지사를 인수했으며, 주크박스^{Jukebox} 제조사 코나미^{Konami} 역시 이 시기 게임 시장에 들어왔다. 한동안 일본 게임 업체들은 아류작 생산에만 머물렀으나, 1975년 타이토가 8천 대의 건파이트

Gunfight* 게임기를 미국 시장에 납품한 것을 계기로 자체 개발 컨텐츠에 관심을 갖게 된다. 이후 타이토는 자신들만의 게임 컨텐츠 개발에 많은 투자를 이어갔고, 이를 바탕으로 1978년 탄생한 것이 공전의 히트를 기록한 스페이스 인베이더Space Invaders다. 스페이스 인베이더는 아타리의 벽돌깨기Break Out**를 참고하긴 했으나, 마이크로프로세서를 사용해 인공지능의 적이 스스로 나를 공격해오는 차별화된 컨텐츠를 담았으며, 게임의 구성과 외형이 크게 달랐다. 처음에는 어렵다는 평가도 있었지만, 사용자들이 순식간에 이 새로운 방식의 게임에 중독되면서 일본 내 100엔짜리 동전의 씨를 말렸다는 얘기가 회자될 정도로 엄청난 인기를 모은다. 스페이스 인베이더는 발매 1년 만에 6만여 대의 판매량을 달성한 뒤, 1980년까지 무려 32만 대가 팔려나갔다.

*

건파이트는 아케이드 게임기 최초로 마이크로프로세서를 탑재한 높은 성능의 게임기였고, 동물이나 과녁을 맞춰야 했던 기존 게임 컨셉들과 달리 인간과 인간이 대결하는 컨텐츠로 꾸며졌다. 건파이트는 출시되자마자 큰 인기를 끌면서, 미국 시장에 약 8000여 대가 팔려나갔다.

**

재미있는 사실은 아타리의 벽돌깨기Break Out를 개발한 장본인이 바로 우리가 잘 아는 스티브 잡스Steve Jobs였다는 점이다. 스티브 잡스는 1974년 동료인 스티브 워즈니악Steve Wozniak과 함께 아타리에 입사하여 2년간 게임을

타이토(Taito)의 스페이스 인베이더(Space Invaders)는 모든 면에서 역사상 가장 큰 성공을 거둔 게임 컨텐츠라고 할 수 있다.

미야모토 시게루(宮本茂), 1952~

닌텐도는 컨텐츠 경쟁력으로 세계시장을 정복했다.

개발한 적이 있었는데, 이때 발표한 것이 벽돌깨기였다. 타이토^{Taito}의 토모히로 니시카도^{安藤健二}는 이 벽돌깨기에서 영감을 받아 스페이스 인베이더^{Space Invaders}를 디자인했다.

1980년 스페이스 인베이더의 성공을 눈여겨본 아타리는 스페이스 인베이더를 라이센스하여 아타리 2600용 게임 카트리지로 출시한다. 이 게임은 무려 200만 장이 넘게 판매되었으며, 아타리 2600의 판매량을 4배나 상승시켰다. 스페이스 인베이더로 인해 1982년 타이토의 총매출은 38억 달러까지 뛰어올랐고, 순이익은 무려 4억 5000만 달러에 달했다. 1983년 전 세계에서 가장 흥행한 영화 컨텐츠인 스타워즈^{Starwars}의 총매출이 4억 7000만 달러였던 것을 보면 이 당시 스페이스 인베이더의 인기를 실감할 수 있다. 스페이스 인베이더를 통해 일본의 비디오 게임컨텐츠 산업은 엄청난 영향력을 갖추게 되었으며, 곧바로

스페이스 인베이더(Space Invaders)의 일본 내 인기는 정말 대단했다. 일본의 카페나 레스토랑들은 스페이스 인베이더가 설치된 테이블을 경쟁적으로 설치했고, 스페이스 인베이더만을 즐길 수 있는 게임방인 인베이더 하우스(Invader House)도 생겨났다. 동전함이 꽉 차 게임을 할 수 없는 경우가 빈번했으며, 동전을 수거하던 트럭들이 동전의 무게 때문에 주저앉는 일까지도 생겼다. 일본 내 100엔짜리 동전의 씨를 말렸다는 말이 나올 정도였다. 미국 진출 후에는 아타리 2600용으로 이식되며, 아타리 2600의 성공에 결정적인 기여를 하기도 했다. 이렇게 스페이스 인베이더는 현재까지도 가장 상업적으로 성공한 게임 컨텐츠로 기록되고 있다.

이어진 남코^{Namco}의 팩맨^{Pac-man}(1980), 허드슨 소프트^{Hudson Soft}의 봄버맨 ^{Bomberman}(1983), 닌텐도의 슈퍼마리오^{Super Mario Bros.}(1985) 등 초대형 히트 작들이 이를 뒷받침한다. 이런 분위기 속에 닌텐도가 1990년대 중반까 지 6300만 대의 닌텐도 NES를 판매하면서, 미국 홈 비디오 게임 시장 을 일본 컨텐츠 일색으로 채워놓았고, 늘어난 일본 컨텐츠 경쟁력은 결 국 이전 시대의 헐리우드 영화처럼 일본 브랜드의 강력한 확산을 모듈 레이션하게 된다.

참고자료

제프 라이언 저, 박기성 옮김, [Super Mario : 닌텐도는 어떻게 세계를
    정복했는가], 에이콘(2011), 25~35쪽
Mary Firestone 저, [Nintendo: The Company and Its Founders], Essential
    Library(2011), 24~27쪽
Michael Z. Newman 저, [Atari Age: The Emergence of Video Games in
    America], The MIT Press(2018), 67~79쪽
나보라 저, [게임의 역사], 커뮤니케이션 북스(2016), 115~124쪽
한국문화콘텐츠진흥원 저, [일본 애니메이션 산업의 역사],
    커뮤니케이션 북스(2007), 8~17쪽
쓰가타 노부유키 저, 고혜정, 유양근 옮김, [일본 아니메 무엇이 대단한가,
    세계를 매혹시킨 이유], 박영사(2018), 75~82쪽
정하미 저, [눈동자의 빛으로 일본만화를 본다], 지식산업사(2005), 39~41쪽

6

유럽 브랜드들이
메인 무대로 복귀하다

미국 제조업의 경쟁력 하락으로 과실을 얻은 것은 일본 브랜드뿐만이 아니었다. 2차 대전 후 서유럽 브랜드들 역시 저평가된 통화를 바탕으로 수출 경쟁력을 갖추며, 미국 제품의 빈자리를 파고들었다.

냉전이라는 시대적인 배경은 서유럽 브랜드들에게 미국을 포함한 거대한 자본주의 시장을 확보할 수 있는 이점을 안겨줬고, 미국의 앞선 기술과 노하우를 내재화할 수 있는 기회를 제공했다. 여기에 미국이 가트 GATT, General Agreement on Tariffs and Trade를 통해 본격적인 자유무역 기조를 만들어내자, 1973년 서유럽 브랜드들은 1950년보다 6.5배 이상 증가한 수출량을 보이면서 전 세계 시장으로 퍼져나갔다. 이 당시 영국, 프랑스, 서독, 이탈리아 등 주요 서유럽 국가들이 차지하는 전 세계 무역 비중은 27.2%였는데, 이는 미국의 12.2%보다 두 배 이상 많은 수준이었

다. 미국의 원조 아래 전쟁의 피해를 겨우 극복해가던 서유럽 브랜드들이 본격적인 영향력을 드러내기 시작한 것이다.*

<hr/>

*

2차 대전으로 인한 서유럽 생산시설 피해는 의외로 크지 않았다. 대부분의 피해는 주거용 건물과 도로, 교통 등에 집중되었고, 폭격을 받지 않은 지역의 공장들은 전쟁 이전보다 부유한 상태로 종전을 맞이하기도 했다. 패전국인 독일 역시 2차 대전의 엄청난 폭격에도 불구하고 생산설비 피해가 20% 미만에 불과했으며, 미국 경제협력국(ECA, Economic Cooperation Administration)은 전후 90%에 가까운 독일의 공업 설비를 곧바로 재가동할 수 있을 것으로 내다봤다. 물론 패전국 독일의 산업 생산량은 전쟁 이전보다 3분의 1 수준으로 내려앉아 있었던 것이 사실이다. 하지만 이는 직접적인 생산설비의 파괴보다는 식량 부족, 자원조달의 어려움, 생산 가능 노동자 수의 감소 등으로부터 유발된 측면이 컸다. 독일은 전쟁으로 인해 800만 명 이상이 사망했고, 40% 이상의 교통, 도로시설을 잃었으며, 에너지 공급도 원활하지 못했다. 심지어 석탄의 보급량은 평시의 4%에도 미치지 못할 정도였다. 전쟁 후 독일이 겪은 이러한 문제들은 미국의 엄청난 경제원조가 더해지면서 차츰 회복되기 시작한다.

서유럽 브랜드들 성장의 중심은 역시 자동차 산업이었다. 당시 서유럽 자동차들은 미국 자동차들보다 크기가 작고 가격도 저렴하면서 상당한 연비 효율을 가진 특징이 있었다. 도로가 좁은 유럽의 도심을 달려야 하는 환경적인 제약도 있었지만, 무엇보다 미국 시장에 비해 구매력이 낮은 탓이 컸다. 이런 이유로 유럽산 자동차들은 비슷한 시장 환경을 지닌 남미와 아시아, 아프리카 등 신흥국 시장에서 엄청난 인기를 얻었고, 특히 서독의 폭스바겐^{Volkswagen}, 프랑스의 르노^{Renault}, 이탈리아의 피아트^{Fiat} 등이 두각을 나타냈다. 반면, 대형 차량을 선호하던 미국 시장에서는 그다지 인기가 없었는데, 1950년 중반 이후 세컨카 열풍이 불어 닥치면서부터 폭스바겐 비틀^{Beetle*}을 중심으로 유럽산 자동차들의 판매량이 늘어나게 된다. 1938년 아돌프 히틀러^{Adolf Hitler}의 정치적인 요청으로 탄생한 폭스바겐 비틀은 극도로 제한된 부품을 사용하여 내구성과 정비성이 우수했고, 7리터의 연료로 100km 이상을 주행할 만큼 연비 효율이 상당히 뛰어났다. 또 차체 외형은 작았으나 성인 2명과 3명의 어린이가 넉넉히 앉을 만큼 실내가 넓었으며, 특유의 유선형 외관

조차 멋이 아닌 차체 강성을 위한 디자인이었을 정도로 실용적인 독일 기술의 철학이 반영된 모델이었다. 한마디로 수요가 늘고 있는 미국 세컨카 시장에 매우 적합한 모델이었던 것이다. 비틀은 1956년 미국 수입차 시장의 65%를 점유했고, 1970년대 중반까지 GM, 포드, 크라이슬러 Chrysler를 제외하면 가장 높은 판매량을 보였다. 비틀의 성공은 유럽 브랜드들의 본격적인 세계 시장 공략에 대한 하나의 예고편과도 같았으며, 실제 1973년 영국, 프랑스, 서독, 이탈리아의 자동차 생산량은 1042만 대를 넘어 966만 대 수준의 미국을 추월했다. 수출 역시 50만 대 수준으로 줄어든 미국보다 10배가 많은 521만 대를 해외에서 팔았다.**

* ───────────────────────────────────────

1934년 히틀러Adolf Hitler는 폭스바겐Volkswagen 사에 독일 국민들이 부담 없이 구입할 수 있는 포드의 모델 T와 같은 대량 생산 자동차를 주문한다. 이때 페르디난트 포르셰Ferdinand Porsche 박사를 중심으로 4년여의 연구 끝에 탄생한 것이 바로 비틀Beetle이다. 비틀의 차체는 얇은 주석을 사용하여 가벼웠고, 18개의 볼트로 연결될 만큼 간결한 구조를 가지고 있었다. 또 불필요한 옵션과 기능을 최소화해 내구성과 연비가 뛰어났으며, 독일의 아우토반Autoban에서 조율되어 최고 시속 100km를 무난하게 돌파했다. 게다가 외형은 작아 보였지만, 장신의 독일인을 타깃으로 제작된 탓에 성인 2명까지 충분히 앉을 만큼 실내가 넓었다. 비틀은 2차 대전 중 생산라인이 가동되지 않다가, 1948년부터 재생산된 민수용 비틀이 미국 시장으로 흘러들어가기 시작했는데, 당시 미국인들은 크기가 작고, 브랜드도 생소

Think small.

Our little car isn't so much of a novelty any more.

A couple of dozen college kids don't try to squeeze inside it.

The guy at the gas station doesn't ask where the gas goes.

Nobody even stares at our shape.

In fact, some people who drive our little flivver don't even think 32 miles to the gallon is going any great guns.

Or using five pints of oil instead of five quarts.

Or never needing anti-freeze.

Or racking up 40,000 miles on a set of tires.

That's because once you get used to some of our economies, you don't even think about them any more.

Except when you squeeze into a small parking spot. Or renew your small insurance. Or pay a small repair bill. Or trade in your old VW for a new one.

Think it over.

1960년대 폭스바겐 광고

2차 대전은 미국의 일방적인 승리로 끝났지만, 독일에 대한 미국인들의 반감은 여전히 남아있었다. 폭스바겐은 미국 시장 진출 후 의도적으로 미국식 화려한 광고를 배제하며, 철저하게 실용적이면서 정직한 메시지를 담은 광고를 내보냈다. 과장과 조작이 일반적이었던 당시 광고 문법과 상당히 배치된 폭스바겐의 브랜드 전략은 미국인들의 신뢰를 얻는 데 큰 기여를 하게 된다.

했던 비틀을 선호하지 않았다. 때문에 비틀의 판매량은 1949~1950년 단 2대, 1951년 551대, 1952년에는 601대 수준에 그쳤다. 하지만 1950년대 중반부터 미국의 세컨카 열풍이 몰아치자 비틀의 작은 차체와 높은 연비는 큰 매력 포인트로 받아들여졌고, 1960년 비틀의 판매량은 15만 9995대까지 뛰어오른다.

** ─────────────────────────────

1973년 서독의 자동차 생산량은 365만 대였고, 프랑스는 320만 대, 영국은 174만 대, 이탈리아는 182만 대를 기록했다. 서독은 자동차의 생산량 중 59.5%인 217만 대를 해외시장에서 판매했고, 프랑스는 55.6%인 178만 대, 영국은 34.3%인 59만 대, 이탈리아는 36%인 65만 대의 수출량을 보였다. 이는 자동차 제조 강국인 미국을 훨씬 뛰어넘는 수준이었다.

2차 대전 이후 자본주의 경제 호황이 불러온 소비풍조도 유럽 브랜드에 기회로 돌아갔다. 당시 여성들은 화려한 헐리우드 스타들의 영향으로 염색과 펌Perm을 즐겼고, 외모에 많은 지출을 하기 시작했다. 절반에 가까운 미국 여성들이 주기적으로 미용실을 방문했으며, 1953년 미국 전역에는 초기 형태의 미용실이었던 뷰티팔러Beauty Parlor가 13만 5000여 곳에 달할 정도로 뷰티산업이 규모화되고 있었다.* 이때 유럽 헤어케어Hair Care 시장을 장악해온 프랑스의 로레알L'Oréal**은 1954년부터 미국 시장에 뛰어들어 1963년까지 600만 달러의 매출을 올렸고, 1966년에는 1400만 달러를 넘어설 정도로 뛰어난 성적을 거둔다. 반세기 가까이 쌓아온 우수한 제품력과 패션의 본고장인 프랑스 브랜드라는 이점을 활용한 결과였다. 이와 함께 로레알은 랑콤^{LANCÔME}, 가르니에^{Garnier}, 비오템^{Biotherm} 등 유망한 기업을 공격적으로 인수하면서 전 세계 최대 뷰티 브랜드로 성장하는 발판을 마련하게 된다.*** 같은 시기 영국과 네덜란드에 기반을 둔 유니레버^{Unilever}**** 역시 전 세계 시장에서 막강한 브랜드 영향력을 과시했다. 1950년 유니레버의 매출은 20억 8700만 달러를 기록하며, 8억 600만 달러에 그친 경쟁자 P&G를 크게 따돌렸는데, 이는 유니레버가 진출한 지역이 P&G에 비해서 훨씬 넓었기 때문이었다. P&G는 주로 개별 브랜드의 장기 성장에만 매몰된 나머지 정치적 상황이 불안정한 지역으로의 진출을 꺼렸고, 신흥국 시장 공략에 적극적이지 않았다. 반면 유니레버는 대표 상품인 선실크^{Sunsilk} 샴푸를 이미 18개 국가에서 판매하고 있었으며, 1973년까지 론칭한 브랜드가 31개에 달할 정도로 다변화된 전략을 펼쳤다. 결국 유니레버는 1970년대 헤어 샴푸 부분에서 남미 시장의 33%, 아시아 시장(일본 제외)의 40%, 아프리카 시장의 15% 등을 점유하는 높은 브랜드 장악력을 나타내면서, 미국을 제외한 전 세계 시장에서 P&G를 압도했다.

---

*

미국의 뷰티 시장은 1930년대 3억 4000만 달러의 규모를 보이다가 2차 대전 직후인 1950년 5억 6000만 달러 수준으로 확대되었으며, 이후부터 성장 속도가 빨라져 1959년에는 11억 8000만 달러, 1966년에는 24억 5000만 달러로 성장한다. 이는 당시 전 세계 색조화장품의 약 65%를 차지할 만큼 거대한 규모였다.

**————————————————————

1907년 프랑스 화학자인 외젠 슈엘러^{Eugene Schueller}에 의해 설립된 로레알 ^{L'Oréal}은 인체에 무해하면서도 발색이 뛰어난 모발 염색제를 통해 1920년 대 대부분의 서유럽 국가에 현지 지사가 설치될 정도로 유럽 시장을 완벽히 장악했다. 이후 1929년 출시된 로레알 블랑^{Blanc}의 자연스러운 금발 재현 능력은 바다 건너 미국 시장까지 알려지게 되는데, 이는 당시 헐리우드 여배우들의 영향으로 미국 여성들 사이에서 금발 염색이 유행했기 때문이었다. 또 1945년 개발된 최초의 콜드펌인 오레올^{Oréol}은 여성들의 펌^{Perm} 스타일링에 일대 혁신을 몰고 왔고, 로레알의 기술력이 본격적으로 알려지는 계기가 되었다. 기존 펌 기술은 거대한 가열 후드와 전기 롤러를 사용하여 고통스러울 정도로 뜨거운 펌 시술 과정을 견뎌야 했지만, 로레알의 콜드펌을 사용하면 약품만으로도 손쉽게 펌 스타일 연출이 가능했다. 이렇게 헤어케어 분야에서 기술력을 인정받은 로레알은 3년여의 시장 조사 끝에, 1954년 로레알 수입 법인인 Cosmair를 설립하는 방식으로 미국 시장에 진출하게 된다.

***————————————————————

로레알이 보유한 브랜드는 고급 뷰티라인인 랑콤^{LANCÔME}, 비오템^{Biotherm}, 키엘^{Kiehl's}, 슈에무라^{Shu Uemura}, 입생로랑^{Yves Saint Laurent Beauté}, 조르지오 아르마니^{Giorgio Armani}, 랄프 로렌^{Ralph Lauren}에서부터 전문헤어케어 브랜드인 로레알

프로페셔널 파리[L'Oréal Profesionnel Paris], 케라스타즈[Kérastase], 레드켄[Redken], 소매점을 위한 중저가 뷰티브랜드인 로레알 파리[L'Oréal Paris], 가르니에[Garnier], 메이블린 뉴욕[Maybelline New York], 그리고 약국을 타깃으로 한 헬스케어 브랜드인 비쉬[Vichy], 라 로슈-포제[La Roche-Posay], 스킨 수티컬즈[Skin Ceuticals] 등이 있다. 로레알은 1963년 파리 주식시장에 상장된 이후 공격적인 M&A를 통해 뷰티 시장 전반을 공략했고, 1970년대부터 세계 최대 뷰티 브랜드의 자리에 올랐다.

✱✱✱✱ ────────────────────────────────

1929년 비누를 제조하던 영국의 레버브러더스[Lever Brothers]와 네덜란드의 마가린[Margarine] 제조사 마가린유니에[Margarine Unie]가 합병하면서부터 유니레버[Unilever]가 시작된다. 유니레버는 1920년대 이미 자사의 비누 브랜드인 럭스[Lux]를 미국 시장에 진출시킨 상태였고, 1955년 신제품 도브[Dove]까지 출시하면서, 아이보리[Ivory]로 유명한 미국의 P&G와 첨예하게 맞붙는다. 하지만 미국 비누 시장의 50% 이상을 장악하던 P&G를 쉽게 넘어서지 못했는데, 퍼스널 케어 브랜드이면서도 유럽에 기반을 둔 회사답게 미국인들의 생활문화를 제대로 이해하지 못한 제품 기획력 탓이 컸다. 또한 2차 대전을 겪으면서 유실된 연구, 생산 시설 역시 발목을 잡았다. 때문에 유니레버는 P&G가 해외시장으로 눈을 돌릴 경우 자사의 브랜드가 위험에 빠질 수 있다는 판단 아래 공격적인 신흥시장 개척에 뛰어들게 되었고, 전 세계 시장에서 P&G보다 훨씬 크고 유명한 브랜드로 성장할 수 있었다.

거대해진 서유럽 내수 시장을 적극적으로 활용한 브랜드들도 나타났다. 실제 1970년대 서유럽 국가들의 1인당 GDP는 1950년에 비해 250% 이상 증가한 상태였고, 전 세계 2위 규모의 탄탄한 내수시장을 형성하고 있었다. 이때 지멘스^{Siemens}, 필립스^{Philips}, 일렉트로룩스^{Electrolux}, 자누시^{Zanussi} 등 전통 있는 유럽 가전제품 브랜드들이 안정적인 소비시장을 바탕으로 규모 있는 성장세를 만들어낸다. 독일의 지멘스*는 주로 세탁기, 냉장고 등 주요 백색가전 분야에서 높은 점유율을 기록했으며, 미국의 시사주간지 타임지^{The Time}가 1962년 서독을 '지멘스의 나라'^{The State of Siemens}라고 언급할 정도로 서독 경제 회복에 많은 영향을 미쳤다. 네덜란드의 필립스**는 1951년 최초의 듀얼헤드 전기면도기를 발표하면서 큰 주목을 받았고, 1962년 컴팩트 카세트 테이프^{Compact Cassette Tape}의 표준규격을 제시하는 등 기술력 부문에서 지멘스와 유럽 시장을 양분했다. 1912년 최초의 진공청소기를 발명했던 스웨덴의 일렉트로룩스***는 1950년대 조리대식 식기세척기 및 냉장, 냉동 겸용 냉장고 등 유럽 가정에 최적화된 가전제품들로 급격한 성장을 달성했으며, 이탈리아 최대 가전제품 제조사 자누시****는 1968년 유럽 최대 냉장고 브랜드로 올라선다. 이 당시 이탈리아 전체 냉장고 생산대수는 나머지 유럽 국가들의 합산보다 많았고, 미국의 생산량과 거의 맞먹을 정도였다. 이들은 일본 전자제품 브랜드들처럼 전 세계 시장을 파고들지는 못했지만 거대한 규모로 성장한 유럽 내수시장을 통해 공격적인 외연 확장을 달성하게 된다.

지멘스^{Siemens}는 에른스트 베르너 폰 지멘스^{Werner von Siemens}와 요한 게오르크 할스케^{Johann Georg Halske}가 1847년 설립한 지멘스-할스케^{Siemens & Halske}가 그 전신이다. 이들은 오랜 기간 전기, 전자 분야에서 높은 기술력을 선보였고 주로 전철, 발전소 건설 등 대형 규모의 사업을 수행했다. 1920년대 후반부터는 진공청소기, 세탁기 등을 개발하는 소비재 가전 분야에도 진출하지만 2차 세계 대전에서 독일이 패망한 후 회사가 여러 개로 분산되는 어려움을 겪게 된다. 이후 서독에 남아 있는 생산설비들로만 회사를 재건한 지멘스는 1950년대 유럽 내수시장 회복을 바탕으로 엄청난 성장을 달성하는데, 지멘스로 인해 서독의 소비재 가전제품 생산이 1952년부터 1957년까지 무려 496%나 늘어날 정도였다. 1957년 지멘스는 소비재 가전 분야에 더욱 집중하기 위해 라디오와 텔레비전, 냉장고 등을 전문적으로 생산하는 지멘스 일렉트로게레트사^{Siemens Electrogerate AG}를 별도로 분사한 뒤 본격적으로 유럽 가전제품 시장을 공략해갔다.

1891년 전구 제조업체로 시작한 네덜란드의 필립스^{Philips}는 서유럽 전자업계 기술력의 선구적 역할을 담당한 브랜드였다. 필립스는 최초로 회전식 날이 달린 전기면도기를 대중화시켰고, 1960년대 초 방송용 컬러 카메라를 개발하여 컬러TV 발전에도 큰 기여를 했다. 1962년 발표한 컴팩트 카세트 테이프^{Compact Cassette Tape} 역시 필립스의 연구물이었다. 필립스는 세계적인 수준의 기술력을 바탕으로 소비재 가전 분야에서 지멘스와 유럽 시장을 양분했으며, 1960년대 아시아와 남미 지역에 진출하는 등 해외시장에서도 영향력을 나타냈다. 이후 필립스의 매출은 1961년부터 1971년까지 270% 증가한 181억 휠던^{Gulden}을 기록했고, 1970년대 후반에는 미국의 대표 전자제품 제조사였던 매그노복스^{Magnavox}와 실바니아^{Sylvania}를 인수할 만큼 빠르게 성장한다.

*** ────────────────────────────────

1912년 최초의 가정용 진공청소기를 개발했던 일렉트로룩스^{Electrolux}는 지멘스나 필립스만큼의 규모를 보이지는 못했지만, 유럽의 가정에 꼭 맞는 제품을 기획하는 능력이 뛰어났다. 특히 주방에 간편하게 설치할 수 있는 조리대식 식기세척기나 냉장과 냉동 기능이 동시에 내장된 냉장고 등은 유럽 시장에서 큰 호평을 받기도 했다. 하지만 2차 대전을 겪으면서 매출의 상당수를 잃어버린 일렉트로룩스는 시장 확장의 중요성을 깨닫고, 호주와 남미 시장으로 진출함과 동시에 1960년대부터 공격적인 M&A를 추진하게 된다. 이후 노르웨이의 스토브 제조기업 일렉트라^{Elektra}, 덴마크의 백색가전기업 아틀라스^{Atlas}, 핀란드의 주방용품 제조기업 슬레브^{Slev} 등을 차례로 인수하면서 회사를 빠른 속도로 성장시켰으며, 1974년 미국 NUE^{National Union Electric} 인수에 성공하여 세계에서 가장 큰 진공청소기 브랜드로 올라선다.

**** ───────────────────────────────

유럽의 냉장고 시장은 다른 가전제품들에 비해 비교적 뒤늦은 1960년대 이후 규모화되기 시작했다. 다량으로 식료품을 구매할 수 있는 슈퍼마켓 등 대형 식료품점이 1960년대 초부터 유럽에 생겨났고, 이를 운반할 수 있는 자동차의 보급도 이 시점부터 폭발적으로 늘어났기 때문이다. 1970년대가 되면 서유럽 가정의 냉장고 보급률은 90%에 가까웠으며, 이 중에서 이탈리아의 보급률이 94%로 가장 높았다. 실제 이탈리아의 1974년 냉장고 생산량은 524만 7000대로 유럽 최대 규모를 나타냈다. 이 시기 이탈리아 최대의 가전 브랜드 자누시^{Zanussi}는 2위 업체인 조파스^{Zoppas}를 인수하면서, 유럽 최대 냉장고 브랜드로 올라섰고, 1984년 공격적인 확장을 이어가던 일렉트로룩스와의 성공적인 합병까지 성사시킨다. 이후 자누시가 포함된 일렉트로룩스 그룹은 1980년대 후반까지 유럽 시장의 65%, 미국 시장의 28.9%를 장악하는 거대 가전제품 브랜드로 성장할 수 있었다.

이외의 다양한 분야에서도 유럽산 브랜드들의 경쟁력이 이어졌다. 대표적으로 독일의 아디다스^{Adidas}와 덴마크의 레고^{Lego}를 들 수 있다. 1954년 스위스 월드컵 우승국인 서독 국가대표팀의 축구화를 후원해 유명해진 아디다스^{Adidas*}는 1960년대 프로 스포츠 열풍이 불기 시작한 미국 시장에 진출하여 엄청난 인기를 얻었고, 1960년대 말 무려 85%의 NBA 선수들이 경기 중 아디다스 슈퍼스타^{Superstar}를 신을 정도로 그 제품력을 인정받는다. 1976년 열린 몬트리올 올림픽^{Montreal Olympic}에서는 전체 메달 수상자의 83%, 육상 메달 수상자의 95%가 아디다스를 선택했으며, 1970년대말 나이키^{Nike}가 본격적인 영향력을 발휘하기 전까지 세계 시장 점유율 50%를 기록하는 등 최고의 브랜드 경쟁력을 나타냈다. 또 1932년 덴마크의 목수 올레 키르크 크리스티얀센^{Ole Kirk Christiansen}이 설립한 레고^{Lego**}는 장난감을 만들어 세계적인 브랜드로 성장한 케이스였다. 원래 나무로 만든 동물과 자동차 등을 판매하던 레고는 1946년부터 플라스틱 장난감 블록^{Block} 생산에 도전하여, 10여 년 가까운 연구 끝에 1957년 오늘날의 현대식 블록을 완성하는 데 성공했고, 미국 시장을 비롯한 42개국에서 선풍적인 인기를 끌었다. 6개의 블록으로 9억여 개의 조합이 가능한 이 새로운 개념의 장난감은 1960년대 전 세계 토이^{Toy} 시장의 판도를 완전히 바꿔놓았으며, 1970년대 덴마크 전체 수출의 1%를 차지할 만큼 거대한 브랜드 영향력을 보인다.

*─────────────────────────────

1924년 아돌프 다즐러^{Adolf Dassler}와 그의 형 루돌프 다즐러^{Rudolf Dassler}가 다즐러 신발공장^{Gebrüder Dassler Schuhfabrik}을 설립한다. 당시 아돌프 다즐러는 운동선수이기도 했는데, 그가 직접 개발한 운동화는 선수들의 기록을 향상시킬 만큼 성능이 뛰어났으며, 매년 20만 켤레를 판매할 정도로 인기가 높았다. 2차 대전 이후 형제간의 경영권 다툼으로 인해 동생 아돌프 다즐러가 별도로 세운 회사가 아디다스^{Adidas}였고, 루돌프 다즐러는 퓨마^{PUMA}를 만들어 1948년 다즐러 신발공장은 둘로 나뉘게 된다. 이 중 아디다스는 우수한 기술력을 활용해 1960년대 미국 시장에서 큰 성공을 거두었으며, 1970년대 17개국에 24개의 공장을 설립하는 등 막대한 브랜드 영향력을 나타냈다. 당시에는 아디다스만큼 기능적인 신발을 만들 수 있는 제조사가 없었기 때문에 아디다스는 별다른 경쟁자 없이 세계 시장의 50% 가까운 점유율을 기록할 수 있었다. 아디다스와 뿌리가 같은 퓨마 역시 30%에 육박하는 점유율을 보이는데, 1950년대부터 1970년대 중반까지 전 세계 스포츠 용품 시장은 사실상 다즐러 형제가 장악했다고 해도 과언이 아니다. 아디다스는 1970년대 후반 하루 20만 켤레의 운동화를 생산했고, 연 매출은 5억 달러에 달할 정도로 그 규모가 거대해진다.

**————————————————————————

레고^{Lego}는 1932년 덴마크의 목수 올레 키르크 크리스티얀센$^{Ole\ Kirk}$ ^{Christiansen}이 설립한 나무 장난감 제조사였는데, 2차 대전으로 재료 수급에 어려움을 겪게 되고 1942년 화재로 공장 시설 일부가 소실되자, 1946년부터 대량 생산이 가능한 플라스틱 사출기를 도입하여 장난감 블록^{Block} 생산에 도전한다. 하지만 초기의 블록들은 서로를 스프링처럼 팅겨낼 만큼 품질이 좋지 못했으며, 상당수가 반품되어 돌아오곤 했다. 그럼에도 레고는 매출의 90% 이상을 차지하는 나무 장난감 생산을 포기하면서까지 플라스틱 블록 개선에 매달린다. 결국 1957년 똑딱단추의 원리가 적용된 오늘날의 현대식 블록이 완성되면서, 레고는 이 블록들을 타운, 기차역 등 시리즈별로 발매해 엄청난 성공을 거두게 된다. 1970년대 후반 레고의 매출은 2억 달러에 육박했고, 2000년 영국 BBC 방송국은 레고를 20세기 최고의 장난감$^{Toy\ of\ the\ Century}$으로 선정할 만큼 엄청난 브랜드 영향력을 보였다.

참고자료

토니 주트 저, 조행복 옮김, [전후 유럽 1945~2005(1)], 열린책들(2005),
585~593쪽

김광수 저, [독일근세 경제사], 숭실대학교 출판부(1996), 295~313쪽

마크 턴게이트 저, 이상훈, 이환희 옮김, [뷰티, 브랜드가 되다],
커뮤니케이션북스 (2017), 73~124쪽

삼성경제연구소 엮음, [그들의 성공엔 특별한 스토리가 있다], 삼성경제연구소
(2012), 58~63쪽

문승렬, 장재훈 저, [백년기업 성장의 비결], 모아북스(2019), 219~221쪽

Thomas Turner 저, [The Sports Shoe], Bloomsbury(2019), 143~146쪽

데이비드 로버트슨, 빌 브린 저, 김태훈 옮김, [레고 어떻게 무너진 블록을 다시
쌓았나], 열린책들(2005), 585~593쪽

Gary Herrigel 저, [Industrial Constructions: The Sources of German
Industrial Power], Cambridge University Press(1995), 223~230쪽

Wayne Sandholtz 저, [High-Tech Europe: The Politics of International
Cooperation], Univ of California Press(2018), 79~83쪽

Matthias Kipping, Akira Kudo, Harm G. Schröter 저, [German and Japanese
Business in the Boom Years], Routledge(2004), 118~132쪽

Marc de Vries 저, [80 Years of Research at the Philips Natuurkundig
Laboratorium (1914~1994)], Amsterdam University Press(2005),
109~120쪽

Greg Thain, John Bradley저, [FMCG: The Power of Fast-Moving Consumer
Goods], First Edition Design Pub.(2014), 439~445쪽

미국 제조업이 붕괴하고 그 자리를
일본과 유럽 브랜드들이 파고들다

브레튼 우즈 체제는 달러를 기축통화로 인정하는 본격적인 자유무
역 시대를 열었다. 하지만 금본위제에서 완벽하게 벗어나지 못했던 태
생적인 한계 때문에 미국은 만성적인 무역적자에 시달려야 했고, 고평
가된 달러는 미국 브랜드들의 경쟁력 저하로 이어졌다. 여기에 2차 대
전의 피해를 극복해낸 일본과 서유럽 브랜드들이 시장에 진입하면서부
터 미국이 주도하는 글로벌 브랜드 시대는 막을 내린다. 일본 자동차
브랜드들은 엄청난 효율성으로 미국 소형차 시장을 장악했고, 막강한
기술력과 가격 경쟁력을 앞세운 일본의 전자제품 브랜드들도 미국 기업
들을 차례로 쓰러트렸다. 동시에 거대한 내수시장을 바탕으로 성장한
유럽의 브랜드들 역시 전 세계 시장에서 미국 브랜드를 위협했다.

결국 미국 경제는 끝이 보이지 않는 침체의 터널로 빠져들어갔으며,
빠르게 유출된 미국의 금 보유량은 달러에 대한 금태환마저 정지시켰
다. 결국 30년 가까이 이어온 브레튼 우즈 체제가 닉슨 쇼크로 인해 해

체되면서, 이런 화폐 시장의 위기는 현물시장으로 옮겨가 두 번의 오일 쇼크를 초래했다. 미국 연방준비제도^{Federal Reserve System, Fed} 이사회 의장 폴 볼커^{Paul Volcker}는 20%의 높은 금리로 위기를 탈피하려 하지만, 이는 오히려 수익률이 악화된 미국 제조업 브랜드들을 연쇄적으로 무너트리는 결과를 낳았다. 이렇게 브랜드 개척의 시대로부터 이어져온 미국 브랜드들의 위상은 점차 무너졌고, 그 자리를 급격히 성장한 일본과 서유럽 브랜드들이 차지하게 된다.

| 4 |

디지털
브랜드 시대

-||||-

1

제조업을 대체하는
새로운 브랜드 패러다임이 등장하다

폴 볼커Paul Volcker의 고집스러운 고금리 정책은 결국 인플레이션을 진정시키는 성과를 거두었다. 하지만 엄청나게 치솟은 미국 내 금리는 달러 자산에 대한 투자 매력도를 상승시키면서 전 세계 거대 자금들을 미국 시장으로 끌어들이는 결과로 이어졌다. 1970년대 들어 급속하게 불어난 산유국의 이익금*을 비롯해 지속적인 무역흑자를 기록 중인 서유럽과 일본의 투자금이 쏟아져 들어왔고, 특히 일본의 자금 유입 규모는 1985년 193억 달러에 육박했다.** 이렇게 증가한 달러에 대한 수요는 곧바로 달러 환율 폭등으로 연결되었으며, 달러 가치는 1981년부터 1985년까지 40% 이상 지속적으로 뛰어오른다. 고정환율제를 기반으로 한 브레튼 우즈 체제가 해체된 뒤 변동환율제가 도입된 탓이었다.

GDP 대비 미국의 무역적자 규모

1950~1960년대 초반까지만 하더라도, 미국은 무역흑자국의 지위를 유지하고 있었으나 1970년대 이후에는 완벽한 무역적자국의 모습을 보인다. 특히 1971년 기록한 최초의 무역적자는 브레튼 우즈 체제의 해체와도 연결되었으며, 곧이어 발생한 2차 오일쇼크는 제조업 경쟁력 하락이 추락하고 있는 미국의 수출에 더욱 큰 타격을 안겨줬다. 20%의 높은 금리를 시행한 1981년부터 미국의 수출은 끝을 알 수 없는 침체기에 빠졌고, 1987년 무역적자 폭은 무려 1518억 달러까지 뛰어오른다.

출처 : Organization for Economic Co-operation and Development

단위 : %

1970년대에 발생한 두 번의 오일쇼크는 전 세계 경제에 큰 충격을 가했지만, OPEC의 국가들은 인상된 석유가격을 바탕으로 1974년 한 해에만 700억 달러가 넘는 경상수지 흑자를 달성할 수 있었다. 이렇게 산유국에 쌓인 막대한 자금들은 주로 서방의 금융기관에 예치된 뒤 금리가 상승 중인 미국으로 흘러들어가기 시작했다.

일본은 2차 대전의 피해 극복을 위해 엄격한 외환통제를 실시했고, 1973년 브레튼 우즈 체제가 해체된 이후에도 사실상 고정환율제를 고집해왔다. 하지만 1980년 이후 새로운 외환 거래법을 통해 자본유출이 자율화되자, 일본의 거대 자금들은 1981년부터 금리가 상승하기 시작한 미국 시장으로 빠르게 유입되었다.

달러 환율 상승은 미국 경제에 또 다른 문제를 야기시켰다. 바로 1981년을 지나면서부터 발생한 심각한 무역적자였다. 1971년 브레튼 우즈 체제의 해체를 불러왔던 적자 폭이 약 27억 달러였던 것을 감안한다면 1980년대 중반 1200억 달러를 넘어서는 무역적자는 정말 심각한 수준이었다. 이런 문제를 해결하기 위해 1985년 미국 로널드 레이건 Ronald Reagan 대통령은 뉴욕 플라자 호텔Plaza Hotel에서 미국, 일본, 서독, 영국, 프랑스의 재무 장관과 중앙은행 총재가 참여하는 회의를 열고, 대미 무역흑자국인 일본과 서독의 환율을 인위적으로 끌어올리는 플라

로널드 레이건(Ronald Reagan), 1911~2004
막대한 재정적자를 탈피하려는 레이건 행정부의 공격적인 행보에도 불구하고 미국 제조업은
되살아나지 못했다.

자 합의$^{Plaza Accord}$를 촉구했다.* 미국의 강압적인 요청을 거부할 수 없었
던 각국 정부는 플라자 합의 일주일 만에 엔화 가치의 8.3%, 마르크화
의 7%를 상승시켰으며, 반대로 달러는 2년 동안 30% 가까이 하락하
는 것을 허용했다. 그럼에도 불구하고 이미 제조업 경쟁력을 잃어버린
미국의 수출은 되살아나지 못했고, 1987년 미국은 1500억 달러가 넘
는 사상 최대의 무역적자를 기록한다. 이제 더 이상 미국 경제는 저물
어가는 제조업 패러다임에만 기댈 수 없었으며, 미국 시장에 쌓인 엄청
난 자금을 바탕으로 제조업을 대체할 만한 새로운 성장 동력을 발굴해
야 했다.

✳ _____

2차 대전 이후 미국은 일본과의 정치적, 경제적 공조관계를 오랜 기간 유지해왔지만 1980년대 미국의 무역적자 폭이 심화되자 의도적으로 일본을 압박했다. 미국의 무역적자 중 무려 37.2%가 일본에 의해 발생한 탓이었다. 미국 정부는 채 20분도 소요되지 않았던 1985년 플라자 합의를 통해 일본과 독일의 환율 상승을 강제적으로 끌어올리면서 소실된 미국 제조업의 수출 경쟁력을 되살리려 했다.

참고자료

폴 볼커, 교텐 토요오 저, 안근모 옮김, [달러의 부활], 어바웃어북(2020),
     450~460쪽
홍완표 저, [금리의 경제학], 신론사(2008), 246~250쪽
전상봉 저, [자본주의 미국의 역사: 1차 세계 대전부터 월스트리트 점령까지],
     시대의창(2012), 256~262쪽
홍춘욱 저, [50대 사건으로 보는 돈의 역사], 로크미디어(2019), 259~264쪽
루안총샤오 저, 정영선 옮김, [금의 전쟁], 평단(2011), 324~330쪽

-|||||-

2

마이크로소프트의
본격적인 성장

1975년 1월 하버드 대학$^{Harvard\ University}$에서 응용수학$^{applied\ math}$을 전 공하던 빌 게이츠$^{Bill\ Gates}$와 그의 친구인 폴 앨런$^{Paul\ Allen}$은 〈파퓰러 일렉 트로닉스〉$^{Popular\ Electronics}$에 실린 알테어 8800$^{Altair\ 8800}$의 지면 광고를 보 게 된다. 알테어 8800은 미국의 컴퓨터 제조사 MITS$^{Micro\ Instrumentation\ and}$ $^{Telemetry\ Systems}$가 개발한 최초의 개인용 컴퓨터$^{Personal\ Computer,\ PC}$로서, 당시 397달러의 낮은 가격에 출시되어 큰 주목을 받고 있었다. 빌 게이츠와 폴 앨런은 PC의 시대가 도래했음을 직감하고, 무작정 MITS의 창업자 인 에드 로버츠$^{Ed\ Roberts}$를 찾아가 알테어 8800을 손쉽게 동작할 수 있 는 베이직^{BASIC}이라는 프로그램을 만들어 주겠다고 제안한다.* 베이직은 컴퓨터 전문용어를 일반인이 접근 가능한 수준의 언어로 변환해 주는 프로그램이었는데, 이것이 바로 미국의 IT$^{Information\ Technology}$ 산업을 본격

Microsoft®

적으로 활성화시킨 마이크로소프트^{MicroSoft}의 시작이다.**

빌 게이츠와 폴 앨런이 MITS의 창업자 에드 로버츠에게 베이직의 판매를 제안했을 때, 그들은 프로그램 개발을 시작조차 하지 않은 상태였다. 에드 로버츠는 시제품도 없는 두 젊은이의 제안이 매우 황당했지만 그들의 패기를 믿고 프로그램 개발을 의뢰한다. 빌 게이츠와 폴 앨런은 교대로 24시간씩 프로그래밍을 하는 강행군 속에 두 달 뒤인 1975년 3월, 베이직의 시제품을 만들어내는 데 성공했으며, MITS와 정식 라이센스 계약을 맺는다. 이 계약 이후 빌 게이츠는 하버드 대학을 중퇴하고, 마이크로소프트를 설립했다.

**　————————————————————————

호기롭게 출발한 마이크로소프트의 초기 매출은 기대에 미치지 못했다. 기본적으로 MITS에만 납품할 수 있었던 독점 계약 때문에 판매량이 알테어 8800과 묶여 있었을 뿐만 아니라 불법복제까지 성행했기 때문이었다. 마이크로소프트의 매출은 창업 첫해인 1975년 1만 6000달러, 그다음 해에는 2만 2000달러를 벌어들이는 데 그쳤다. 결국 빌 게이츠는 1977년 MITS와 소송전을 벌여 독점 계약을 파기했고, 이후 베이직의 납

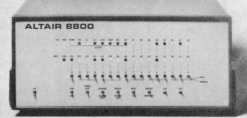

<파퓰러 일렉트로닉스(Popular Electronics)> 잡지에 실린 알테어 8800(Altair 8800)의 지면 광고. 알테어 8800은 마이크로소프트가 탄생하는 데에 결정적인 역할을 했다.

품처를 다변화시켰다. 다행히 MITS가 베이직의 판매에 적극적이지 않았다는 이유로 법원은 마이크로소프트의 손을 들어주면서, 마이크로소프트의 매출은 1978년 백만 달러를 뛰어넘어, 1979년 무려 239만 달러까지 늘어났다.

마이크로소프트의 본격적인 성장은 세계 최대 컴퓨터 기업 IBM이 PC 산업에 뛰어들면서부터 나타났다. 1981년 IBM은 PC 시장에 참여하면서 소스코드와 회로도, 기술 매뉴얼까지 완벽히 공개한 IBM 5150[*]을 발표하는데, IBM의 개방형 아키텍처[Architecture] 안에서는 누구나 자유롭게 IBM PC와 호환되는 주변기기 및 소프트웨어를 출시할 수 있었고, 해당 제품을 아무런 제약 없이 다른 제조사에 납품하는 것이 가능했다. 'IBM PC 호환'[IBM PC compatible]이라고 불렸던 이 같은 개방형 정책으로 인해 IBM 5150은 출시 4개월 만에 5만여 대가 팔려나가는 등 엄청난 반향을 일으켰으며, 전 세계 PC 산업의 표준 규격으로 떠오르게 된다. 이때 이 제품의 운영체제인 PC-DOS[Personal Computer Disk Operating System]를 만든 회사가 바로 마이크로소프트였다.[**] 마이크로소프트 역시 IBM의 개방형 정책을 활용하여 PC-DOS에 자사의 상표를 붙인 MS-DOS[MicroSoft Disk Operating System]를 70여 개 하드웨어 제조사에 자유롭게 납품할 수 있었고, 1983년 5천만 달러의 매출을 기록할 만큼 빠른 속도로 성장했다. 창업한 지 10년도 채 되지 않은 신생 기업이 단숨에 미국 최대의 소프트웨어 제조사로 올라선 것이다.

IBM은 1970년대 MITS와 아타리^{Atari}, 애플^{Apple} 등 신생 제조사들에게 빼

앗긴 PC 시장의 주도권을 되찾기 위해 1975년 IBM 5100이라는 PC를 출

시했으나, 2만 달러의 높은 가격 때문에 실패를 기록하고 만다. 이후 IBM

은 1981년 저렴한 기성 부품들과 외부 소프트웨어 자원을 적극 활용하는

방식으로 제품의 단가를 낮춘 IBM 5150을 개발하는데, 당시 IBM이 자체

제작한 고성능 마이크로프로세서(RISC CPU 801)가 있었음에도 의도적으

로 인텔의 저가형 INTEL 8088을 사용했고, 외부 업체들의 참여를 위해

제품의 모든 설계를 공개하는 개방형 아키텍처 전략을 도입했다. 이런 이

유로 IBM 5150은 1565달러라는 비교적 저렴한 가격에 출시될 수 있었으

며, 마이크로소프트 같은 소프트웨어 제조사의 성장에 밑바탕이 된다.

**

마이크로소프트는 원래 운영체제 개발에는 관심이 없었다. 마이크로소

프트가 IBM과 밀접하게 관계를 맺었던 것은 오직 그들의 주력상품인 베

이직^{BASIC}을 더 많이 팔아보고자 하는 목적이 컸다. 하지만 IBM은 최초로

접촉한 운영체제 개발 회사인 디지털 리서치^{Digital Research}와의 협상에 진전

이 없자, 빌 게이츠에게 직접 운영체제 개발을 의뢰했고, 이를 기회라고

생각한 빌 게이츠는 시애틀 컴퓨터 프로덕트^{Seattle Computer Products}의 86-

DOS를 7만 5000달러에 구매하여 이를 기반으로 MS-DOS를 만들어낸

다. 마이크로소프트와 IBM의 계약을 모르고 있던 시애틀 컴퓨터 프로덕

트는 훗날 법적 분쟁을 벌여, 100만 달러를 추가로 받아내기도 했다.

Presenting the IBM°of Personal Computers.

IBM is proud to announce a product *you* may have a personal interest in. It's a tool that could soon be on your desk, in your home or in your child's schoolroom. It can make a surprising difference in the way you work, learn or otherwise approach the complexities (and some of the simple pleasures) of living.

It's the computer we're making for you.

In the past 30 years, the computer has become faster, smaller, less complicated and less expensive. And IBM has contributed heavily to that evolution.

Today, we've applied what we know to a new product we believe in: the IBM Personal Computer.

It's a computer that has reached a truly personal scale in size and in price: starting at less than $1,600 for a system that, with the addition of one simple device, hooks up to your home TV and uses your audio cassette recorder.

For flexibility, performance and ease of use, no other personal computer offers as many advanced features to please novice and expert alike (see the box).

Features like high resolution color graphics. Ten, user-defined function keys. The kind of expandability that lets you add a printer for word processing, or user memory up to 256KB. Or BASIC and Pascal languages that let you write your own programs. And a growing list of superior programs like VisiCalc™ selected by IBM to match the quality and thoughtfulness of the system's total design.

This new system will be sold through channels which meet our professional criteria: the nationwide chain of 150 ComputerLand® stores, and Sears Business Systems Centers. Of course, our own IBM Product Centers will sell and service the system. And the IBM Data Processing Division will serve those customers who want to purchase in quantity.

Experience the IBM Personal Computer. You'll be surprised how quickly you feel comfortable with it. And impressed with what it can do for you. IBM°

IBM PERSONAL COMPUTER SPECIFICATIONS *ADVANCED FEATURES FOR PERSONAL COMPUTERS		
User Memory 16K - 256K bytes*	**Display Screen** High-resolution (720h x 350v)*	**Color/Graphics** *Text mode:* 16 colors*
Permanent Memory (ROM) 40K bytes*	80 characters x 25 lines Upper and lower case	256 characters and symbols in ROM*
Microprocessor High speed, 8088*	Green phosphor screen*	*Graphics mode:* 4-color resolution:
Auxiliary Memory 2 optional internal diskette drives, 5¼", 160K bytes per diskette	**Diagnostics** Power-on self testing* Parity checking	320h x 200v* Black & white resolution: 640h x 200v* Simultaneous graphics & text capability*
Keyboard 83 keys, 6 ft. cord attaches to system unit* 10 function keys* 10-key numeric pad Tactile feedback*	**Languages** BASIC, Pascal **Printer** Bidirectional* 80 characters/second 12 character styles, up to 152 characters/line* 9 x 9 character matrix*	**Communications** RS-232-C interface Asynchronous (start/stop) protocol Up to 9600 bits per second

The IBM Personal Computer   and me.

1981년 IBM이 개발한 최초의 16비트 PC인 IBM 5150

오픈형 아키텍처를 적용한 이 제품의 등장으로 마이크로소프트는 미국 최대의 소프트웨어 제조사 반열에 오를 수 있었다.

IBM이 마이크로소트프와 함께 PC 시장의 주도권을 잡게 되자, 애플Apple의 창업자 스티브 잡스Steve Jobs는 GUIGraphical User Interface*가 적용된 신개념 PC를 통해 반격에 나선다. GUI는 복잡한 전문 언어를 배우지 않아도 누구나 마우스Mouse만으로 쉽게 PC를 조작할 수 있는 혁신적인 인터페이스였으며, 1983년 애플의 전문가용 PC 리사Lisa와 보급형 매킨토시Macintosh를 통해 최초로 상용화되었다. 하지만 이 두 기종은 최대 가격이 9000달러에 이를 만큼 비쌌기 때문에 기대만큼의 반응을 이끌어내지 못했고, 오히려 마이크로소프트에 영감을 주어 마이크로소프트가 GUI 운영체제 개발에 뛰어드는 결과를 낳았다. 1985년 마이크로소프트는 애플의 GUI를 거의 그대로 모방한 Windows 1.0을 출시한 뒤, 1990년 이를 대폭 업그레이드한 Windows 3.0까지 완성하면서 운영체제 시장을 완벽히 장악한다.** GUI의 시작은 애플이었지만 그 과실을 취한 건 마이크로소프트였던 것이다. Windows 3.0의 등장으로 인해 PC는 더 이상 전문가들의 전유물이 아닌 누구나 손쉽게 접근하고 사용할 수 있는 전자제품으로 인식되기 시작했고, 미국 시장에서 PC를 대중화시켜 IT산업이라는 새로운 비즈니스 패러다임이 나타나도록 만들었다.

---
*

사실 GUIGraphical User Interface는 애플이 최초로 개발한 인터페이스가 아니었다. GUI는 1963년 스탠퍼드 연구소Stanford Research의 더글러스 엥겔바트Douglas Engelbart가 고안한 마우스Mouse 장치를 기반으로, 프린터 생산기업 제

록스^{Xerox}의 팔로알토 연구소$^{Palo\ Alto\ Research\ Center,\ PARC}$에서 만들어낸 인터페이스였다. 1979년 애플의 스티브 잡스가 이 연구소를 방문하게 되었는데, 여기서 살펴본 GUI 결과물에 영감을 받아 애플의 리사를 만들게 되었다고 한다. 하지만 정작 GUI의 대중화는 마이크로소프트를 통해 이루어졌고, 이 때문에 애플은 마이크로소프트와 GUI 저작권에 관한 법률 다툼을 벌이기도 한다. (소송은 애플에 유리하게 돌아가는 듯했으나, 마이크로소프트의 요청을 받은 제록스가 원천 특허를 주장하면서, 결국 애플의 패배로 막을 내렸다.)

** ⎯⎯⎯⎯⎯⎯⎯⎯⎯⎯⎯⎯⎯⎯⎯⎯⎯⎯⎯⎯⎯⎯⎯⎯⎯⎯⎯⎯

1985년 출시된 마이크로소프트의 Windows 1.0은 MS-DOS에서 사용했던 프로그램들과 호환성이 없었고, 자체 완성도마저 낮았던 탓에 상업

적인 성공을 거두지 못했다. 1987년 마이크로소프트는 이를 업그레이드
한 Windows 2.0을 발표하지만, 이 역시 백만 장 정도의 판매량에 그치
고 만다. 1981년 MS-DOS의 설치량이 약 1억 5000만 카피를 넘었던 것
을 감안한다면 이는 상당히 저조한 성적이었다. 이후 Winodws의 본격적
인 성공은 1990년 WIndows 3.0이 등장하면서부터 시작되었다.
WIndows 3.0은 여러 가지 작업을 한꺼번에 수행하는 멀티태스킹
Multitasking 능력이 뛰어났을 뿐만 아니라 최신 오피스Office 프로그램도 더욱
안정적으로 동작하는 등 한층 진보된 모습을 보였다. Windows 3.0은
1992년 WIndows 3.1이 출시되기 전까지 천만 장에 가까운 판매고를 올
렸으며, 단순히 마이크로소프트의 성공이라는 의미를 넘어 IT 산업이 본
격적으로 싹틀 수 있는 기반을 제공했다.

참고자료

정지훈 저, [거의 모든 IT의 역사], 메디치(2011), 52~58쪽
류한석 저, [플랫폼, 시장의 지배자], 코리아닷컴(2016), 54~57쪽
하워드 민즈 저, 황진우 옮김, [머니&파워], 경영정신(2002), 285~297쪽
Christopher Tozzi 저, [For Fun and Profit: A History of the Free and Open
    Source Software Revolution], The MIT Press(2017), 211~240쪽
Martin Campbell-Kelly, Daniel D. Garcia-Swartz 저, [A History of the
    International Computer Industry], Harvard University Press(2015),
    105~123쪽

-||||-

3

인터넷 혁명이
시작되다

1969년 미국 국방부 산하의 고등연구계획국^{Advanced Research Project Agency}은 아르파넷^{ARPANET: Advanced Research Projects Agency Network}이라는 네트워크를 완성하여 600km 떨어진 연구소들 사이의 통신에 성공한다. 군사 작전 중 위급한 상황이 벌어질 때 중요한 데이터를 안전한 곳으로 이동시키기 위한 목적의 연구였다. 이것이 바로 인터넷^{Internet}의 시초가 되었으며, 이를 바탕으로 1989년 유럽입자물리연구소^{Conseil Europeen pour la Recherche Nucleaire, CERN}의 팀 버너스 리^{Tim Berners-Lee} 박사가 월드 와이드 웹^{WWW, World Wide Web}*이라는 표준 활용 가이드를 제시하면서 일반인들에게도 인터넷이 알려지기 시작했다. 이때 월드 와이드 웹의 가능성을 인지한 미국 국립 슈퍼컴퓨터활용센터^{NCSA, National Center for Supercomputing Applications}의 아르바이트생 마크 앤드리센^{Marc Andreessen}이 1993년 웹 브라우저^{Web Browser}인

모자이크^{Mosaic}를 개발하여 한 달 평균 5만 다운로드를 일으키는 등 큰 주목을 받는다.** 모자이크는 최초의 웹 브라우저는 아니었지만, 다른 프로그램들과 달리 이미지와 텍스트를 유기적으로 표현해내는 멀티미디어 구현 능력이 뛰어났고, 무엇보다 무료로 사용할 수 있다는 장점이 있었다. 1994년 마크 앤드리센은 NCSA가 모자이크 개발에 대한 합당한 대우를 해주지 않자, NCSA를 떠나 독자적으로 모자이크 커뮤니케이션즈^{Mosaic Communications}를 세우는데, 여기서 출시된 제품이 바로 넷스케이프 네비게이터^{Netscape Navigator}이다. 넷스케이프 네비게이터는 모자이크보다 한층 탁월한 멀티미디어 처리 성능과 함께 다양한 플러그인^{Plug-in}을 설치할 수 있어서 출시하자마자 전 세계 웹 브라우저의 70%를 장악했고, 8개월 만에 200만 명이 넘는 사용자를 확보할 정도로 엄청난 인기를 모은다. 넷스케이프로 인해 전 세계 인터넷 사용자의 수가 약 1600만 명까지 늘어날 수 있었으며, 이때부터 인터넷을 활용한 비즈니스가 본격적으로 활성화되었다.

초기 인터넷은 몇몇 지정된 컴퓨터들 간의 정보교환만 가능했으나, 1980년대 이후 연결된 컴퓨터의 숫자가 기하급수적으로 늘어나면서 컴퓨터를 식별할 수 있는 주소가 필요해졌다. 때문에 도메인[Domain]이라는 간편한 네임 시스템이 만들어졌고, 여기에 1989년 팀 버너스 리 박사가 인터넷 표준 언어인 HTML[Hyper Text Markup Language]을 정립하여, 오늘날의 월드 와이드 웹[WWW, World Wide Web] 시스템이 탄생한다.

마크 앤드리센[Marc Andreessen]은 당시 일리노이대[University of Illinois] 대학생이었고, NCSA에서는 파트타임으로 근무 중이었다. NSCA는 마크 앤드리센을 제대로 대우해 주지 않았으며, 앤드리센의 결과물을 취하기만 했다. 때문에 앤드리센은 대학 졸업 후 NCSA를 떠나, 실리콘 그래픽스[Silicon Graphics, SGI]의 창업자인 제임스 클라크[James Clark]에게 투자를 받으면서, 모자이크 커뮤니케이션즈[Mosaic Communicatios]를 세웠다. 이때 개발한 것이 바로 역사적인 넷스케이프 네비게이터[Netscape Navigator]이다. 1995년 넷스케이프는 창업한 지 16개월 만에 나스닥[Nasdaq]에 상장되었고, 주당 28달러로 시작된 주식은 당일 무려 78달러까지 치솟아 IT 산업에 대한 시장의 기대감을 입증했다.

웹 브라우저를 통해 인터넷이 대중화되자 무수히 많은 웹 사이트들이 나타났다. 1993년 600여 개에 머물던 전 세계 웹사이트의 숫자는 1995년 2만 4000여 개로 늘어났으며, 사용자들은 점차 인터넷에서 자

신들이 원하는 정보를 찾아내는 데 어려움을 느꼈다. 이때 인터넷상의 유용한 정보들을 모아 사용하기 쉽게 분류해 주는 웹 디렉토리^{Web} ^{Directory} 사이트, 일명 웹 검색$^{Web\ Search\ Engine}$ 사이트들이 등장하는데, 닷 컴$^{.com}$ 기업으로 상징되는 야후$^{yahoo.com*}$와 라이코스$^{lycos.com**}$, 인포시크 $^{infoseek.com}$, 익사이트$^{excite.com}$ 등이 그 주인공이었다. 1996년 3600만 명 까지 폭증한 인터넷 사용자들은 주로 이런 닷컴 사이트들을 통해 인터 넷을 브라우징했고, 이 네 사이트가 달성한 페이지뷰$^{Page\ View,\ PV}$는 하루 평균 무려 2700만 건에 달했다. 제조업의 패러다임을 잃어버린 미국 경 제는 이렇게 엄청난 성장성을 보인 신생 닷컴 기업들에게 열광할 수밖 에 없었으며, 1996년 라이코스를 시작으로 야후와 익사이트, 인포시크 모두 나스닥^{Nasdaq} 상장에 성공하게 된다. 더욱 놀라운 사실은 이 당시 8억 4800만 달러로 가장 높은 몸값을 기록한 야후의 경우 창업한 지 1년 남짓한 시점이었고, 직원 수는 49명밖에 되지 않았다는 점이다. 2 억 4100만 달러의 평가를 받은 경쟁사 라이코스 역시 창업한 지 9개 월, 직원 수는 60명뿐이었다. 이 같은 놀라운 성과는 시장으로 하여금 닷컴 기업들을 제조업에 이은 차세대 성장 동력으로 받아들이게 했으

며, 여기서부터 이전의 비즈니스 패러다임과 분명히 차별되는 디지털 브랜드의 시대가 펼쳐지기 시작한다.

＊ ─────────────────────────────────

야후[Yahoo]는 1994년 스탠퍼드대[Stanford University] 대학원생인 제리 양[Jerry Yang]과 데이비드 파일로[David Filo]가 만든 '제리와 데이비드의 전 세계 인터넷 안내서'[Jerry and David's guide to the World Wide Web]로부터 시작되었다. 이 사이트는 1995년 1월, 보다 기억하기 쉬운 이름인 야후 닷컴[Yahoo.com]으로 도메인을 바꾸고, 1996년 20여 만 개의 웹 사이트에 대한 정보를 무료로 제공하면서 하루 페이지뷰[Page View] 1400만 건을 넘어설 정도로 빠르게 성장했다. 당시 야후는 인터넷과 웹서핑이라는 보통명사를 대체할 정도로 유명했으며, 닷컴 열풍을 일으킨 장본인으로 평가되었다. 1995년 투자회사 세쿼이어캐피탈[Sequoia Capital]과 소프트뱅크[SoftBank]로부터 두 차례에 걸쳐 약 500만 달러를 투자 받기도 한 야후는 드디어 1996년 4월 시장의 엄청난 주목과 함께 나스닥 상장에 성공했고, 2000년대 들어 구글[google.com]에 주도권을 빼앗기기 전까지 전 세계 검색시장의 약 50%를 장악했다.

＊＊ ─────────────────────────────────

라이코스[Lycos]는 1990년대 초 미국 카네기멜론대학[Carnegie Mellon University]의 컴퓨터 학자인 마이클 로렌 멀딘[Michael Loren Mauldin]이 진행하던 검색엔진 연구가 그 출발점이다. 이 프로젝트는 1994년 7월 5만 4000여 건의 문서를 색인하여 데이터베이스화한 것을 시작으로, 1995년 초까지 150만 건 이상의 데이터를 축적해내며 업계의 많은 관심을 받았다. 같은 해 미국의 투자사 CMGI가 200만 달러를 투자하면서 라이코스라는 이름의 닷컴 기업이 설립되었고, 9개월 만에 웹 검색 서비스 중 가장 먼저 나스닥 상장에 성공할 정도로 빠르게 성장했다. 이 당시 라이코스의 상장은 야후보다 빠른 시점이었으며, 나스닥 역사상 가장 빠른 타이밍으로 기록될 정도였다. 1997년 라이코스는 닷컴 기업 최초로 흑자전환에도 성공했으며, 2000년 이후 탁월한 웹 문서 검색 능력을 바탕으로 미국 시장 점유율에서 야후를 앞지르기도 했다.

1996년 야후는 상장 첫날 주가가 154% 폭등했고, 8억 5000만 달러의 시가총액을 기록하면서 전 세계를 주체할 수 없는 닷컴 열풍에 빠트렸다. 이는 당시까지 뉴욕 증시 역사상 3번째 규모의 IPO였는데, 디지털 브랜드의 시대가 가시화된 것이 바로 이 시점부터이다.

초창기 대부분의 닷컴 기업들은 자신들의 서비스를 무료로 제공하면서 많은 사용자를 모은 뒤, 이를 기반으로 거대한 기업 가치를 평가받았다. 일단 많은 사용자를 확보하기만 하면 가까운 미래에 큰 수익을 창출할 수 있다는 공감대가 있었기 때문이다. 그런데 이를 반대로 해석하면, 당시 닷컴 기업들에게는 명확한 수익 모델이 없었다고도 볼 수 있다. 이런 틈을 파고들어 닷컴 기업이면서도 확실한 수익 모델을 제시하는 기업들이 나타나는데, 대표적인 것이 바로 아마존amazon.com*과 이베이ebay.com**였다. 아마존은 인터넷으로 할인된 책을 판매함으로써 매출을 올렸고, 이베이는 경매 방식의 전자상거래를 통해 수수료를 챙겼

1996년 야후는 상장 첫날 주가가 154% 폭등했고, 8억 5000만 달러의 시가총액을 기록하면서 전
세계를 주체할 수 없는 닷컴 열풍에 빠트렸다. 이는 당시까지 뉴욕 증시 역사상 3번째 규모의
IPO였는데, 디지털 브랜드의 시대가 가시화된 것이 바로 이 시점부터이다.

다. 지금은 인터넷 전자상거래가 일상적인 비즈니스 형태이지만, 아마존과 이베이가 처음 등장했을 때는 엄청난 혁신으로 비쳐졌다. 아마존은 1995년 정식 오픈 1주일 만에 1만 2000달러의 주문을 받았으며, 다음 해까지 무려 1500만 달러의 매출을 올릴 정도로 빠르게 성장했다. 이베이 역시 1995년 최초로 경매 상품 거래를 성공시킨 뒤, 1996년 중반까지 720만 달러의 거래액를 만들어 낼 만큼 큰 관심을 모은다. 이들이 제시한 명확한 수익 모델은 닷컴 비즈니스에 대한 우려 섞인 시선들을 종식시켰고, 미국 시장을 더욱 깊숙이 디지털 브랜드들의 매력 속에 빠트리는 역할을 했다. 아마존은 1997년 약 4억 3800만 달러의 몸값으로 나스닥에 상장에 성공했으며, 이베이는 1998년 7억 1500만 달러로 나스닥에 진입한다. 넷스케이프가 출시된 1994년부터 이베이가 상장된 1998년 말까지 나스닥은 무려 두 배 가까이 뛰어올랐고, 닷컴 기업에 대한 시장의 관심은 꾸준히 높아져 갔다.

* _____

아마존^{Amazon.com}은 뉴욕 월스트리트^{Wall Street}의 헤지펀드^{Hedge Fund} D.E Shaw에서 일하던 제프 베조스^{Jeff Bezos}가 1994년 설립한 인터넷 서점이다. 제프 베조스는 인터넷으로 판매할 수 있는 아이템을 찾던 중 품질에 대한 불만이 가장 낮은 상품은 책이라는 확신을 갖고, 카다브라^{Cadabra}라는 이름의 인터넷 서점을 기획한다. 하지만 카다브라가 시체를 뜻하는 카데바[Cadaver]와 발음이 비슷했기 때문에 7개월 뒤 아마존[Amazon.com]으로 사이트 이름을 바꾸었다. 아마존은 오픈 전부터 인터넷으로 책을 살 수 있다는 소문으로 인해 많은 주목을 받았으며, 오픈하자마자 1만 2000달러의 주문이 밀려들 정도로 성공적인 모습을 보인다. (당시 그 정도나 되는 주문량을 예상하지 못해 846달러어치의 책만 배송될 수 있었다고 한다.) 이후 1997년 나스닥 상장에 성공한 아마존은 1998년부터 음반과 영상물 등 17개 카테고리의 물건을 팔기 시작했고, 6억 달러의 매출을 기록하는 등 빠른 속도로 미국 온라인 쇼핑 시장을 장악해갔다.

✳✳ ─────────────────────────────────

이베이는 1995년 프랑스 태생의 프로그래머 피에르 오미다이어[Pierre Omidyar]에 의해 설립되었다. 그는 자신의 홈페이지에 개인이 물건을 사고팔 수 있는 Auction web이라는 채널을 만드는데, 이곳에 감당할 수 없을 만큼 많은 사람들이 몰리자 다니던 회사를 퇴사하고 Auction web을 하나의 비즈니스로 성장시키기로 한다. (여자친구가 수집하는 빈티지 캔디 상자를 구매하기 위해 Auction Web을 만들었다는 소문이 있으나 이는 사실이 아니라고 이베이 측에서 밝혔다.) 이렇게 우연하게 시작된 Auction Web은 1996년 25만 건의 거래를 성사시켰으며, 1997년 이베이[Ebay]로 이름을 바꾼 뒤 100만 번째 거래를 달성할 정도로 폭발적인 관심을 받았다. 처음에는 무료로 운영했지만 점차 이용자 수가 많아지면서 수수료를 받기 시작했고, 이 수수료 매출은 1998년 4700만 달러까지 뛰어오른다. 1998년 이베이가 나스닥에 상장되었을 때 이베이의 주가는 하루 만에 163% 폭등했으며, 이후 아마존과 함께 미국 온라인 쇼핑의 대표 브랜드 지위를 누리게 된다.

잠재력을 인정받은 디지털 브랜드들은 인터넷상에만 머무르지 않고, 점차 일상의 많은 부분에도 영향을 미치기 시작했다. 특히 이메일 Email과 인스턴트 메신저Instant Messenger의 등장은 커뮤니케이션 방식에 큰 변화를 가져왔다. 편지와 가까운 개념이었던 이메일은 인터넷망을 이용함으로써 전달 속도가 매우 빨랐고, 각종 디지털 자료를 손쉽게 첨부할 수 있다는 장점이 있었다. 게다가 인터넷에만 연결되어 있다면 사실상 무료에 가까웠다. 이런 이메일이 본격적으로 대중화된 것은 핫메일 Hotmail.com이라는 이메일 서비스가 등장하면서부터이다.* 애플에서 근무하던 잭 스미스Jack Smith와 사비어 바티아Sabeer Bhatia는 인터넷의 성장을 지켜보다 1996년 최초의 무료 이메일 서비스인 핫메일을 기획했다. 핫메일에서는 가입과 메일 전송 등 모든 것이 무료였고, 2Mb의 저장 공간도 마음껏 활용할 수 있었다. 이런 핫메일은 출시 1년 만에 900만 명의 가입자를 끌어모으는 등 폭발적인 성장을 달성하면서, 야후를 비롯한 대형 기업들을 이메일 시장에 참여시켰으며, 이를 통해 1999년까지 미국 시장의 이메일 사용량을 2800억 건까지 증가하도록 만들었다. 이는 같은 시기 2000억 건을 기록한 우편 발송 수량을 훨씬 뛰어넘는 놀라운 수치였다. 이와 함께 인스턴트 메신저 역시 전화를 대체할 만큼의 놀라운 영향력을 나타냈다. 특히 1996년 이스라엘의 미라빌리스Mirabilis

사가 만든 ICQ**는 출시 1년 반 동안 무려 1200만 명의 가입자를 확보했고, 다자간 채팅이나 친구 초대, 파일전송 등과 같은 기본 개념을 정립해 미국 시장에 인스턴트 메신저 붐을 일으킨다. 1999년 미국 최대통신 사업자인 AOL^America On Line 은 2억 8700만 달러에 ICQ를 인수했으며, 이후 마이크로소프트와 야후마저 가세한 미국 인스턴트 메신저 시장은 4400만 명의 가입자 수를 넘어설 정도로 거대한 규모를 보인다.

*　────────────────────────────

이메일은 이미 1970년대부터 그 개념이 존재해 왔다. 논란의 여지는 있지만, 일반적으로 아르파넷^ARPANET 에 소속되어 있던 톰 린슨^Tom Linson 이 1971년 '@'을 사용한 최초의 이메일을 고안했고, 1978년 14세의 인도계 미국인 시바 아야두라이^V.A. Shiva Ayyadurai 가 오늘날과 같은 모습의 이메일을 시현해냈다고 알려져 있다. 하지만 이런 이메일의 본격적인 확산은 1996년 출시된 핫메일을 통해 시작되었다는 점에선 이견이 없는 듯하다. 모든 것이 무료였던 핫메일은 초기부터 엄청난 관심을 받았고, 1997년까지 900만 명의 사용자를 모을 정도로 빠르게 성장했다. 벤처투자사인 DFJ^Draper Fisher Jurvetson 등으로부터 550만 달러의 투자를 유치하기도 했으며, 1997년 창업한 지 1년 6개월 만에 마이크로소프트에 4억 달러라는 높은 금액에 인수된다.

마크 앤드리센(Marc Andreessen), 1971~
넷스케이프는 인터넷 비즈니스 탄생의 직접적인
역할을 했다.

✳✳

ICQ$^{I\ Seek\ You}$는 이스라엘 회사 미라빌리스^{Mirabilis}가 제작한 인스턴트 메신저
로, 미라빌리스는 이스라엘 프로그래머인 Yair Goldfinger, Sefi Vigiser,
Amnon Amir, Arik Vardi 등이 설립한 소프트웨어 제작 업체였다. ICQ
는 1996년 미국 시장에 최초로 무료 인스턴트 메신저의 개념을 선보이면
서, 출시 6개월 만에 85만 명의 사용자를 끌어모으는 등 미국 시장에 메
신저 붐을 만들어냈다. 1999년 ICQ는 2억 8700만 달러의 가격에 AOL과
합병되는데, 이 인수합병을 통해 AOL은 2000년대 중반까지 미국 메신저
시장의 52%를 점유할 수 있었으며, ICQ의 사용자 수는 2001년 1억 명까
지 늘어난다. 당시 AOL의 ICQ 인수는 이스라엘 역사상 가장 큰 규모의
기업 간 합병으로 평가받기도 했다.

참고자료

빌 게이츠 저, 안진환 옮김, [빌 게이츠@생각의 속도], 청림출판(2004), 149~167쪽

임은모 저, [실리콘밸리 게임이론], 진한도서(2000), 131~157쪽

브래드 스톤 저, 야나 마키에이라 옮김, [아마존, 세상의 모든 것을 팝니다],
    21세기북스(2014), 41~55쪽

카라 스위셔 저, 이상원 옮김, [AOL.com], 북21(2000), 400~424쪽

정지훈 저, [거의 모든 IT의 역사], 메디치(2011), 187~192쪽

Anthony B. Perkins, Michael C. Perkins 저, [The Internet Bubble: The Inside
    Story on why it Burst-and what You Can Do to Profit Now],
    HarperBusiness(2001), 86~89쪽

Laura Lambert, Hilary W. Poole, Chris Woodford 저, [The Internet:
    A Historical Encyclopedia], ABC-CLIO(2005), 134~136쪽

-‖‖-

4

닷컴 버블이
붕괴하다

야후의 상장과 함께 닷컴 열풍이 본격화되던 1996년 12월, 미국 연 방준비제도$^{Federal Reserve System, Fed}$ 이사회 의장인 앨런 그린스펀$^{Alan Greenspan}$ 은 당시 시장 상황을 '비이성적인 과열$^{irrational exuberance}$*'이라는 문장으로 표현했다. 그만큼 모두가 기업의 비즈니스 모델과 수익성에는 관심이 없었고, 기업 이름에 닷컴이라는 단어만 붙으면 엄청난 투자금을 쏟아 붓는 중이었다. 일례로 부 닷컴$^{Boo.com}$은 제대로 된 사이트도 없이 인터 넷으로 명품을 판매하겠다는 계획만으로 1억 3500만 달러의 투자를 유치했으며, 강아지 용품 판매 사이트인 펫 닷컴$^{Pet.com}$은 무려 8200만 달러의 기업 가치를 평가받는다. 모두가 닷컴 기업들이 제시한 장밋빛 미래 가치에 매몰되어버린 결과였다. 이렇게 투자라기보다는 투기에 가 까운 시장 분위기 속에 1995년 700선에 불과했던 나스닥 지수가 2000

년까지 6배 넘게 폭등하면서, 본격적인 이상 과열 현상이 감지된다.**

결국 2000년 3월 10일, 나스닥은 5,133 지수를 마지막으로 일주일 동안 9%가 떨어졌고, 1년 만에 절반으로 내려앉는다. 야후, 아마존 등 닷컴 선두 주자들 역시 연초 대비 10분의 1과 5분의 1 수준까지 주가가 폭락하는 것을 피할 수 없었다. 호기롭게 출발한 부 닷컴은 오픈 6개월 뒤 사이트를 폐쇄해야 했고, 펫 닷컴은 상장 9개월 만에 폐업 수순으로 들어간다. 이렇게 닷컴 열풍이 만들어낸 강력한 버블은 2년간 5조 달러를 허공으로 증발시키며 미국 경제를 심각한 위기 속으로 몰아넣었다.

*———————————————————————————

1996년 12월 5일 연준 의장이던 앨런 그린스펀은 미국 기업연구소^AEI의 만찬에서 1995년부터 불거지기 시작한 IT 기술주 폭등에 대해 비이성적 과열^irrational exuberance이라는 단어를 쓰며 우려를 표했다. 이 발언으로 다음날 주가가 급락하는 현상이 나타나지만, 그럼에도 불구하고 1990년대 말까지 닷컴 열풍은 쉽게 사그라지지 않았다. 추후 앨런 의장은 당시 자신의 표현이 너무 약했다는 후회를 남기기도 했다.

**———————————————————————————

두 번의 오일쇼크와 제조업의 몰락으로 인해 침체된 미국 경제는 IT 산업이 등장하면서부터 회복 기조를 나타내기 시작했다. 실제 1990년대 중반이후 미국의 성장률은 꾸준히 4% 전후를 유지하고 있었으며, 물가도 안정세를 보였다. 특히 1997년과 1998년의 물가 상승률은 1%대에 머물렀는데, 이는 미국 제조업 약화를 노리고 밀려들어온 저렴한 외국산 재화들의 영향이 컸다. 이렇게 경제 성장과 함께 물가 안정이 동반되는 골디락스^{Goldilocks}(특별히 뜨겁지도 차갑지도 않은 적당한 경제 호황을 지칭)가 나타나면서 1990년대 후반까지 미국 경제는 닷컴 버블의 위험성에 대해 큰 우려를 하지 않게 된다.

닷컴 버블의 붕괴는 사실상 예견된 일이었다. 당시 주식 가치는 실질 기업의 성과를 전혀 반영하지 않았고, 여전히 대부분의 닷컴 기업들은 명확한 수익원을 제시하지 못하고 있었다. 이때 경기 과열을 우려한 연준이 금리 인상 기조를 보이자, 2000년 3월을 기점으로 너도나도 주식을 팔아치우기 시작했다. 더욱이 2001년 발생한 9.11 테러마저 시장의 회복 의지를 완전히 무너뜨리면서, 상황은 더욱 나빠져만 갔다. 위기가 장기화될 것으로 판단한 미국 연방준비제도(연준) 의장 앨런 그린스펀은 사상 초유의 유동성 공급을 위해 2000년 6.5%에 달하던 금리를 2003년 6월 1%까지 떨어트린다.* 사실상 제로금리나 다름없던 이 같은 저금리 정책은 엄청난 유동성이 주식시장으로 흘러들어가는 결과를 낳았으며, 2003년 이후 나스닥을 회복 기조로 돌려놓는다. 이와 함께 시장의 막대한 손실을 정부가 언제든지 보전해 줄 것이라는 인식을 조성하여, 미국 시장이 고위험군 투자처인 IT 비즈니스에 대한 관심을 잃지 않도록 만들었다. 이렇게 거품으로 붕괴될 것 같았던 디지털 브랜드 시대는 연준의 저금리 정책과 시장의 안정 속에 본격적인 재도약의 기회를

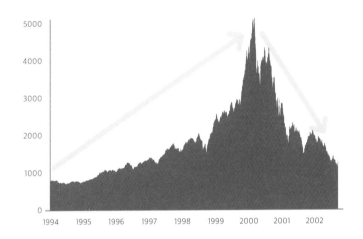

1994년부터 2002년까지 나스닥 지표

넷스케이프가 탄생한 1994년부터 나스닥은 꾸준히 상승했으나, 2000년 3월을 기점으로
2년 만에 그동안의 상승분을 모두 반납하게 된다. 이후로 나스닥이 2000년의 고점을
회복하기까지는 무려 15년이 걸렸다.

출처 : Nasdaq, inc.

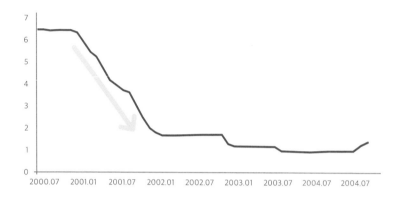

2000년부터 2004년 중반까지의 미국 금리

닷컴 버블이 폭발하기 9개월 전부터 미 연준은 경기 과열을 우려해 금리를 순차적으로 올리고 있었고, 1998년 4.78%까지 떨어졌던 금리는 2000년 중반 6.5%까지 상승한 상태였다. 물론 닷컴 버블의 붕괴가 모두 이 금리 인상에서 비롯되었다고 할 수는 없지만, 끊임없이 이어지던 투자 수요를 위축시켰던 것은 사실이다. 이를 인지한 미 연준 의장 앨런 그린스펀은 닷컴 주식이 폭락을 시작하자, 1년 만에 금리를 전반 수준으로 낮춘 뒤, 2003년까지 1%로 끌어내린다.

출처 : Federalreserve.gov

단위 : %

앨런 그린스펀(Alan Greenspan), 1926~

미 연준은 초저금리 정책을 통해 고위험군 투자처인 IT 비즈니스의 명맥을 이어가도록 만들었다.

잡았다.

＊ ─────────────────────────────────────

이를 사람들은 그린스펀 풋^{Greenspan Put}이라고 불렀다. 앨런 그린스펀의 이름과 풋 옵션^{Put Option}이란 경제용어를 합성한 단어인데, 풋 옵션이란 정해진 기간 안에 내가 미리 정해둔 가격으로 자산을 처분할 수 있는 일종의 안전장치를 의미했다. 풋 옵션을 활용하면 시장의 추락에도 손실을 보전할 수 있었기 때문에 연준이 실행한 초저금리 정책을 빗대어 그린스펀 풋이라는 표현이 사용된 것이다. 이후 미국 시장은 실패를 한다고 해도 정부가 뒷감당을 해줄 거라는 기대 심리로 IT 기술에 대한 투자를 멈추지 않았다.

참고자료

앨런 그린스펀 저, 현대경제연구원 옮김, [격동의 시대, 신세계에서의 모험],
　　북@북스(2007), 307~364쪽
윌리엄 플렉켄스타인, 프레드릭 쉬핸 저, 김태훈 옮김, [그린스펀 버블],
　　한스미디어(2008), 117~145쪽
가토 이즈루, 야마히로 츠네오 저, 우성주 옮김, [세계의 경제대통령 버냉키 파워],
　　달과소(2006), 82~91쪽
홍완표 저, [금리의 경제학], 신론사(2008), 251~255쪽
김광수 경제연구소 저, [버블붕괴와 장기침체], Human & Books(2009),
　　250~264쪽
전상봉 저, [자본주의 미국의 역사: 1차 세계 대전부터 월스트리트 점령까지],
　　시대의창(2012), 372~389쪽

5

구글이
등장하다

닷컴 버블 붕괴 시기 수많은 닷컴 기업들이 사라졌음에도 불구하고, 오히려 이 위기를 이용해 엄청난 성장을 이루어낸 기업들도 있었다. 특히 구글Google.com*은 비상장사였기때문에 주식시장의 붕괴에도 별다른 영향을 받지 않으면서, 검색시장의 주도권을 잃기 시작한 야후의 빈자리를 효율적으로 대체한 케이스였다. 구글은 1998년 스탠포드 대학 Stanford University의 대학원생인 래리 페이지Larry Page와 세르게이 브린Sergey Brin이 설립한 웹 검색 업체로서, 수작업으로 웹사이트를 분류하던 야후

특히 구글Google.com*은 비상장사였기때문에

좌) 래리 페이지(Larry Page), 1973~

우) 세르게이 브린(Sergey Brin), 1973~

구글은 닷컴 버블 시기 더 큰 성장을 이뤄냈다.

와 달리 로봇이 모든 웹사이트를 자동으로 방문해 검색 결과를 축적하는 방식을 사용했으며, 모아둔 검색 데이터에 외부 링크 빈도, 단어 연관성, 사용자 접속량 등의 가중치를 부여하여 사용자에게 유용한 정보를 선별해내는 능력이 탁월했다. 이는 비슷한 방식으로 서비스를 운영하던 알타비스타$^{Altavista.com}$ 보다도 훨씬 뛰어난 알고리즘^{Algorithm}이었는데, 예를 들어, '농구'라는 단어를 검색하면 야후에서는 편집자가 인위적으로 뽑아놓은 결과들이 노출되었고, 알타비스타에서는 농구라는 단어가 포함된 모든 웹문서가 한꺼번에 출력되었다. 반면 구글에서는 최근 방문자 수가 가장 많은 농구 관련 웹사이트나 어젯밤 펼쳐진 농구 경기 결과 등 검색 시점에서 가장 유용한 정보를 제공했다. 이를 랭킹 시스템의 일종인 페이지 랭크$^{Page Rank}$라고 불렀으며, 이런 기술력의 차이는 후발주자인 구글이 포화된 검색시장을 빠르게 치고 들어가는 원동력으로 작용했다. 1999년 하루 50만 건을 나타내던 구글의 검색량은 2000년 중반 하루 1500만 건까지 증가했고, 2000년 6월 야후에 검색엔진을 납품**하면서부터는 하루 1억 건을 넘어섰다. 이는 전 세계 검색시장의 약

40%에 가까운 점유율이었으며, 창업 2년 남짓 된 '구글'이 전 세계 검색 시장을 장악한다는 신호탄과도 같았다. 닷컴 버블의 붕괴로 여전히 시장은 닷컴 기업들에 우려의 시선을 보내고 있었지만, 구글과 같은 뛰어난 기업들로 인해 디지털 브랜드의 시대는 더욱 공고해지게 되었다.

* ─────────────────────────────

1995년 래리 페이지Larry Page는 스탠포드 대학원 연구과제로 전 세계 모든 웹페이지를 자동으로 수집할 수 있는 프로그램을 개발하고 있었는데, 이 때 인터넷상의 평가 시스템을 연구 중인 세르게이 브린Sergey Brin이 합류하면서 만들어낸 결과물이 페이지 랭크Page Rank라는 검색 알고리즘Algorithm이다. 래리 페이지의 이름을 따 페이지 랭크라고 불렀던 이 알고리즘은 특정 웹 페이지가 얼마나 많은 외부 페이지로부터 링크되어 있는지를 분석하여 그 가치를 측정할 수 있었으며, 사용자 접속 빈도, 단어 연관성 등의 보조 지표를 활용해 결과값을 더욱 정밀하게 조율했다. 당시 이들의 검색 결과값이 기존 닷컴 업체들보다 훨씬 우수한 품질을 보였던 탓에 1998년 1월 프로토타입 공개 이후 1만 명 이상이 몰려들 정도로 큰 관심을 받게 된다. 이렇게 많은 사용자들로 인해 스탠포드대학의 네트워크 자원만으로는 서비스 유지가 불가능하게 되자, 래리 페이지와 세르게이 브린은 이 사이트를 약 100만 달러 정도의 가격에 매각하려 했다. 하지만 비싸다는 이유로 야후, 알타비스타 등에 거절을 당하고, 이후 썬 마이크로시스템즈Sun Microsystems, Inc의 공동 창업자 앤디 벡톨샤임Andy Bechtolsheim에게 10만 달러를 투자 받으면서 오늘날의 구글Google이 탄생했다.

1990년대 말까지 야후는 검색엔진이라기보다 잘 정돈된 페이지 색인 ^{Index}(사이트들의 목록) 사이트에 가까웠다. 애초부터 야후는 검색시장 자체가 큰돈이 될 것이라고 생각하지 않았고, 자신들의 사이트 안에 사용자들을 오랜 시간 붙잡아 두는 것에만 관심이 있었다. 때문에 1996년부터는 아예 자체 검색 알고리즘 개발을 포기한 채 잉크토미^{Inktomi} 등 외부업체에게 검색엔진을 아웃소싱하는데, 2000년 6월 이후 야후의 선택을 받은 업체가 바로 구글이다. 이때부터 구글의 성장세가 급격해질 수 있었고, 2002년을 기점으로 구글은 야후를 완전히 추월하게 되었다.

참고자료

데이비드 A. 바이스, 마크 맬시드 저, 우병현 옮김, [구글 스토리], 인플루엔셜(2019), 163~176쪽
뤄야오종 저, 오수현 옮김, [구글 성공의 7가지 법칙], 이코노북스(2007), 51~55쪽
마키노 다케후미 저, 정정일 옮김, [마이크로소프트도 애플도 아닌 왜 구글인가], 한빛비즈(2010), 179~181쪽
카이한 크리펜도프 저, 김태훈 옮김, [36계학], 생각정원, 142~148쪽
류한석 저, [플랫폼, 시장의 지배자], 코리아닷컴(2016), 95~98쪽
Amy N. Langville, Carl D. Meyer 저, [Google's PageRank and Beyond: The Science of Search Engine Rankings], Princeton University Press(2006), 15~18쪽

-||||-

6

디지털 미디어가
아날로그를 대체하다

디지털 브랜드 패러다임의 새로운 기술력은 일상 속의 아날로그 경험을 직접적으로 대체하기 시작했다. 그중 1999년 등장한 냅스터Napster*는 MP3 파일을 개인들끼리 공유하는 방식으로 음악 저작권에 대한 개념을 송두리째 흔들어 놓으며, 아날로그에 한정되어 있던 음악 청취의 경험을 빠르게 디지털로 전환시켰다. 냅스터는 1999년 미국 노스이스턴대학교Northeastern University 1학년생인 숀 패닝Shawn Fanning이 개발한 MP3 파일 공유 서비스로서, 저작권에 대한 인식 부재와 실질적인 단속 법안의 미비를 이용해 출시 2년 만에 8000만 명에 육박하는 사용자를 불러 모을 만큼 엄청난 속도로 성장했다. 하지만 1999년 146억 달러의 매출을 기록한 미국 음반시장이 냅스터의 등장 이후 지속적인 하락세를 보이고, 유명 뮤지션들의 신규 앨범이 냅스터에 먼저 유출되는 등 실질적인 피해가 뒤따르자, 음반시장의 침체를 우려한 미국 레코드협회 Recording Industry Association of America, RIAA가 냅스터의 폐쇄를 전제로 한 저작권 위반 소송을 걸어온다. 미국의 록밴드 메탈리카Metalica와 힙합 뮤지션인 닥터 드레Dr. Dre는 냅스터와 개별적인 소송을 벌이기도 했다. 결국 2001년 9월 미국 제9순회항소법원이 냅스터 서버를 폐쇄한다는 결정을 하면서 짧았던 냅스터의 전성기는 막을 내리게 되는데, 미국 시장은 디지털 미디어의 잠재력을 확인할 수 있었으며, 합법적인 디지털 음원 시장이 규모화되는 계기를 마련할 수 있었다. 이후 냅스터의 영향을 받은 애플은 2003년 디지털 저작권 관리 장치DRM, Digital Rights Management를 도입하여 불법복제를 원천적으로 차단한 아이튠즈 뮤직 스토어iTunes Music Store**를 오픈했고, 출시 일주일 만에 100만 곡의 판매고를 올리는 등 엄청난 성공을 이끌어낸다. 5년 후 아이튠즈 뮤직 스토어가 판매한 디지털 음원의 매출은 미국 최대 음반 유통망인 월마트Walmart를 추월할 정도였으며, 당시 미국 음반 시장에서 디지털 음원이 차지하는 비중은 39.4%까지 높아진다. 이렇게 디지털 브랜드 패러다임은 수십 년을 이어오던 아날로그 미디어의 시대를 빠른 속도로 잠식해 들어갔고, 이전 시대의 브랜드 패러다임을 완전히 탈피하도록 만들었다.***

* _____

냅스터^{Napster}는 자신들이 직접 MP3 파일을 사용자들에게 제공하지 않고,

사용자들끼리 서로의 MP3를 공유하는 P2P$^{Peer\ to\ Peer}$ 방식을 최초로 활용

했다. 모두들 이것이 불법이라는 인식은 있었지만 개인 간의 디지털 파일

대여에 대한 별도의 규정이 없었던 관계로 냅스터는 서비스 종료 직전까

지 전 세계에서 약 8000만 명에 가까운 사용자를 모으면서 디지털 미디

어의 확산에 막대한 영향을 미치게 된다. 비록 음반 업계의 소송으로 냅

스터가 운영된 기간은 2년밖에 되지 않으나, 냅스터가 폐쇄된 뒤에도 누

텔라^{Nutella}, 에임스터^{Aimster}, 오디오갤럭시^{Audiogalaxy}, 라임와이어^{Limewire}, 베어

쉐어^{BearShare}, 카자^{KaZaA} 등 유사 서비스들이 나타났고, 이렇게 늘어난 디지

털 미디어에 대한 수요는 결국 애플 아이튠즈 뮤직 스토어$^{iTunes\ Music\ Store}$의

탄생으로 이어진다.

** _____

애플의 아이튠즈^{iTunes}는 원래 1998년 Casady & Greene사가 만든

SoundJam MP라는 음악 관리 프로그램이 그 기원이다. 2000년 애플은

SoundJam MP를 인수하여 아이튠즈로 패키징을 변경했고, 이를 통해 디

지털 미디어에 대한 사용자들의 활용 행태를 학습해갔다. 이후 2001년

애플은 아이튠즈를 활용하는 휴대용 디지털 뮤직 플레이어인 아이팟^{iPod}

을 출시했으며, 2003년 아이튠즈 내에 뮤직 스토어$^{Music\ Store}$를 오픈하는

방식으로 디지털 음원 유통 시장에 뛰어든다. 아이튠즈 뮤직 스토어는

냅스터의 전철을 밟지 않기 위해 페어플레이^{FairPlay}라는 디지털 저작권 관

숀 패닝(Shawn Fanning), 1980~

냅스터는 아날로그 브랜드의 시대를
종식시키는 신호탄이 된다.

리 장치DRM, Digital Rights Management를 도입하여 음원의 불법 복제를 막았고,
한 곡당 99센트라는 합리적인 가격에 디지털 음원을 판매했다. 최초로
합법적인 디지털 음원 구매의 장이 열리자 시장은 열광했고, 아이튠즈
뮤직 스토어의 판매량은 1년 만에 1억 곡을 넘어섰다. 2009년에는 미국
전체 음반 판매의 25%가 아이튠즈를 통해서 판매될 정도였으며, 이는 디
지털 음원 유통 시장의 69%에 달하는 점유율이었다.

*** _____

MP3 파일의 대중화 이후 휴대용 디지털 뮤직 플레이어 시장이 폭발적으
로 성장했고, 이와 맞물려 디지털카메라, 휴대용 동영상 재생기기Portable
Multimedia Player, PMP, PDAPersonal Digital Assistant 등 휴대용 전자제품의 새로운 카

테고리가 개척되기 시작했다. 2003년 미국의 휴대용 디지털 뮤직 플레이어 판매량은 약 1400만 대였는데, 2005년에는 이 숫자가 1억 4000만 대까지 늘어났으며, 2006년 전체 휴대용 오디오 플레이어 시장의 88%가 디지털 기기들로 채워졌다. 이 중 75.6%의 점유율을 보인 애플 아이팟을 중심으로 싱가포르의 크리에이티브[Creative], 대한민국의 아이리버[iriver]와 삼성[Samsung] 등이 주목을 받았는데, 이는 곧 CD 플레이어 등 기존 휴대용 기기들의 패러다임이 종식되었음을 의미했다. 이런 현상은 카메라 분야에도 이어져, 2008년 이후 필름 카메라의 신규 생산은 거의 종식되는 양상을 보였다. 이렇게 디지털 브랜드 패러다임은 10년도 되지 않은 짧은 기간 동안 기존 미디어를 완벽하게 대체했으며, 우리 생활에 많은 변화를 만들어내기 시작한다.

참고자료

서기선 저, [MP3 플레이어 전쟁], 한울(2008), 48~56쪽
홍성욱 저, [2001 싸이버스페이스 오디쎄이], 창비(2001), 57~59쪽
Adam Thierer, Wayne Crews 저, [Copy Fights: The Future of Intellectual Property in the Information Age], Cato Institute(2002), 107~121쪽
Renee Ambrosek 저, [Shawn Fanning: The Founder of Napster], Rosen Publishing Group(2006), 77~84쪽

미국의 제로금리가
디지털 브랜드 시대를 더욱 가속화하다

제조업의 패러다임을 잃어버린 미국 시장은 폴 볼커의 고금리 정책을 노리고 모여든 대규모 자금을 활용해 훨씬 뛰어난 수익을 창출할 수 있는 IT 산업을 만들어냈다. 이후 인터넷이 보급되면서 야후를 비롯한 닷컴 기업들의 전성기가 펼쳐졌고, 이들이 제시한 장밋빛 전망은 주식 시장의 과열로 이어졌다. 물론 갑작스럽게 등장한 닷컴 기업들에게는 수익모델이 분명하지 않다는 약점이 있었지만, 아마존과 이베이의 등장 이후 이런 우려마저도 종식되었다. 이런 과정에서 1995년 700선에 불과했던 나스닥 지수가 5년 만에 6배 넘게 뛰어오르면서 IT 산업과 닷컴 비즈니스를 본격적인 성장 동력으로 인식하는 디지털 브랜드의 시대가 나타난다.

하지만 닷컴 기업들에 대한 무분별한 투자 기조는 강력한 버블을 조성했고, 명확한 수익원을 제시하지 못한 닷컴 기업들을 하나둘 쓰러트렸다. 당시 주목받던 닷컴 기업들 중 절반 가까이가 몰락의 길을 걸었다고 해도 과언이 아니었다. 나스닥은 1년 만에 절반 수준으로 내려 앉았으며, 그 다음해까지 무려 5조 달러를 시장에서 증발시켰다. 이때, 미 연준의 의장 그린스펀이 사상 초유의 저금리를 통해 위기 상황을 돌파하려 하는데, 이런 연준의 행보는 고위험군 투자에 대한 손실을 정부가 보전해 준다는 인식으로 연결되었고, 결국 미국 시장은 고수익을 얻을 수 있는 디지털 브랜드들에 대한 투자를 멈추지 않게 되었다. 이후 구글과 같은 걸출한 기업들의 등장이 이어지며, 디지털 브랜드의 시대는 우리의 삶에 더욱 많은 영향력을 미치게 되었다.

| 5 |

초연결
브랜드 시대

-||||-

1

양적완화가
시행되다

닷컴 버블의 위기가 진정되어가자, 미 연준은 제로에 가깝던 금리를 서서히 상승시켰다. 낮은 금리로 인해 너무 많은 유동성이 공급된 관계로 인플레이션이 발생할 우려가 컸기 때문이었다. 이후 미국의 기준금리는 2005년까지 순차적으로 4%대까지 높아졌으며, 2006년에는 5%를 넘어선다. 하지만 연준의 의도와 달리 실제 시장의 금리가 상승하지 않는 현상*이 나타나는데, 나중에서야 밝혀진 일이지만, 중국을 비롯한 해외 경상수지 흑자국들이 안전자산으로 평가된 미국 채권을 엄청나게 구매하면서 발생한 일이었다. 시중의 유동성은 줄어들지 않았고, 유지된 저금리 기조는 결국 미국 자산 가격의 폭등으로 이어진다. 2004년에만 11.8%, 2005년에는 13.3%의 집값이 뛰어올랐으며, 2006년 중반을 기준으로 하면, 2000년에 비해 무려 86%나 상승한 수치를 보였다. 문제는 이런 현상의 중심에 미국 금융권의 방만한 운영이 있었다는 점이다. 원래 미국 은행들은 1933년부터 글래스-스티걸 법Glass-Steagall Act** 등을 바탕으로 예금을 활용한 무분별한 투자활동에 강력한 규제를 받아왔으나, 지속적인 정치권 로비를 통해 1999년 글래스-스티걸 법안이 폐지되면서 다양한 돈벌이를 수익모델로 활용하는 것이 가능했다. 여기에 달아오른 부동산 시장은 미국 금융권들의 좋은 먹잇감이 되었고, 미국 시장을 다시 한 번 위험한 도박 속에 빠트리게 된다.

＊──────────────────────────────

이런 현상을 미 연준 의장 그린스펀은 수수께끼 같은 일Greenspan's conundrum이라고 표현했다. 2004년 6월부터 2006년 3월까지 기준금리가 3.75%나 상승했음에도 유동성이 회수되지 않은 이유를 몰랐던 것이다. 이후 다양한 연구를 통해 당시 중국 등 해외 자본들이 대규모로 미 국채를 매입하면서 미국 시장에 엄청난 유동성을 만들어 내고 있었다는 사실이 밝혀졌다. 실제 1995년부터 2010년 사이 중국은 무려 1조 1000억 달러의 미 국채를 사들였고, 이 매입 규모는 그린스펀이 금리를 끌어올리던 시기 두 배 이상 집중적으로 증가했다. 2013년 미 연준 이코노미스트Economist 대니얼 밸트란Daniel O. Beltran의 '미국 국채의 외국인 보유와 미국 국채 수익률'Foreign holdings of U.S.Treasuries and U.S. Treasury yields이라는 연구에 따르면 이러한 중국의 채권 매입이 미국 5년 국채 이자율을 약 2% 가까이 하락시켰다는 것을 확인할 수 있다. 이는 연준의 유동성 회수를 위한 금리 인상 카드를 무기력하게 만들었고, 결국 미국 시장에 엄청난 유동성이 흘러넘치

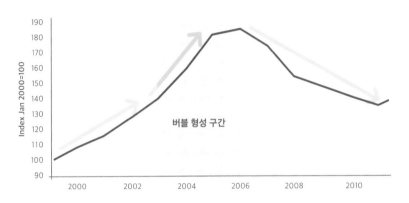

2000년대 미국 부동산 가격 상승과 대폭락

2000년부터 2006년까지 미국의 집값은 무려 86%가 폭등했다. 물론 1990년대 후반 IT 산업이 만들어낸 경기 호황과 낮은 금리의 여파로 인해 어느 정도의 상승 기조가 예상되기는 했으나, 닷컴 버블 붕괴라는 큰 경제 위기를 겪고 난 이후에 불거진 거대한 상승세는 사실상 버블에 가까웠다. 결국 2007년부터 미국의 부동산 가치는 대폭락을 시작하여, 닷컴 버블에 이은 또 한 번의 경제 위기를 유발한다.

출처 : S&P Dow Jones Indices LLC

단위 : jan 2000=100

는 결과를 가져왔다.

1933년 미 의회는 대공황의 주요 원인 중에 하나로 지목된 은행의 부실 방지를 위해 글래스-스티걸 법^{Glass-Steagall Act}을 통과시킨다. 이 법안은 은행이 본연의 금융업에만 집중할 수 있도록 투자 관련 행위를 완전히 분리시키려는 목적이 컸다. 하지만 1960년대 이후 이 법안을 무력화하려는 노력들이 꾸준히 제기되었고, 1990년대 후반에는 월가를 중심으로 3억 달러라는 사상 최고의 정치권 로비까지 진행되면서, 급기야 1999년 글래스-스티걸 법안이 폐지되기에 이른다. 이때부터 미국 금융권은 고객의 예적금을 담보로 한 다양한 투기적인 활동에 참여할 수 있었다.

먼저, 규제에서 해방된 미국 은행들은 끝없이 상승하는 집값을 바탕으로 엄청난 대출을 실행했다. 담보로 잡은 부동산 가격이 계속 상승했기 때문에 담보대출을 늘리는 것이 가능했기 때문이었다. 심지어 신용등급이 낮은 서브프라임^{Subprime*} 단계까지 무분별한 대출이 이루어져도 문제가 되지 않았다. 이 당시 신규 주택 담보대출 중 서브프라임이 차지하는 비중은 2002년 7%에서 2006년 32%로 상승했고, 소득증빙 자료가 필요 없는 묻지마 대출^{no-doc loans} 역시 42%가 늘어난다. 이미 사망한 사람의 이름이나 키우는 애완견 앞으로도 대출이 가능했을 만큼 당시 은행들의 대출상품 운용 실태는 투기에 가까운 양상을 띠었다. 이때 가용자금의 한계를 느낀 은행들이 기존 대출 채권들을 하나의 상품으로 묶어 연기금이나 보험사 등 거대 금융권으로부터 추가 자금을 유치하는 이른바 파생상품**을 고안해냈고, 여기에 리먼브라더스^{Lehman}

Brothers와 AIG^{American International Group Inc.} 등 대형 금융기업들이 이 파생상 품에 대한 안전을 보장하는 일종의 보험***을 설계하면서, 금융상품의 연결고리는 점점 복잡해져만 갔다. 결국 더 많은 수익을 올리려는 미국 은행권의 욕심은 서브프라임급 신용채권들까지 파생상품 안에 끼워 넣도록 만들었는데, 본격적인 문제는 여기서부터 불거졌다.****

*　—————————————————————————

신용등급의 기준으로 보자면 가장 신용이 높은 프라임^{Prime}, 그 아래가 알트-에이^{Alt-A, Alternative-A}, 이보다 낮은 등급을 서브프라임^{Subprime}이라고 불렀다. 서브프라임은 사실상 대출을 받을 수 있는 가장 마지막 신용등급이었다. 서브프라임은 프라임에 비해 4% 이상의 높은 대출이자를 내야 하는 등 많은 제약이 있었지만, 부동산 버블 시기에는 이 모든 것이 아무런 문제가 되지 않았다.

**　—————————————————————————

이 파생상품 중 하나가 바로 부채담보부증권, 일명 CDO^{Collateralized Debt}

^{Obligation}이다. CDO는 엄청난 부동산 대출로 인해 가용 자금을 모두 소진한 은행들이 기존 대출을 담보로 연기금이나 보험사 등으로부터 추가적인 자금을 빌려오는 아이디어를 상품화한 것이었다. 당시 시장에는 무한에 가까운 대출 수요가 있었기 때문에, 자금만 당겨올 수 있다면 큰 수익

을 만들어 내는 것이 어렵지 않았다. 이 CDO 중에서 부동산에만 관련된 상품들을 주택담보부대출증권^{MBS, Mortgage Backed Securities}이라고 불렀고, 서브 프라임 사태는 이 MBS의 부실로부터 유발된 측면이 컸다.

*** ─────────────────────────────────────

연기금과 보험사들은 은행의 파생상품에 투자하면서 최소한의 안전장치를 요구했다. 이때 리먼브라더스나 AIG 같은 대형 금융기업들이 이 파생상품의 안전을 보장한다는 일종의 보험을 설계하여 엄청난 수수료를 챙기는데, 이 보험이 바로 신용부도스와프, 즉 CDS^{Credit Default Swap}이다. 이들이 만들어낸 CDS는 무려 45조 달러에 달했고, 이는 미국 전체 GDP의 세 배에 육박하는 엄청난 규모였다. 미국 금융권들은 지속적으로 상승하고 있던 부동산 가격으로 인해 이러한 파생상품에 문제가 생길 것이라는 예상을 전혀 하지 못했으며, 이렇게 남발된 CDS 발행은 결국 미국 시장을 위험한 도박 속으로 빠트렸다.

**** ─────────────────────────────────────

초창기 파생상품들은 높은 신용등급의 대출 채권들로만 구성됐으나, 더 많은 파생상품을 발행하기 위한 은행들의 욕심은 결국 서브프라임급의 고위험군 대출 채권까지 손을 대도록 만들었다. 하지만 보수적인 거대 금융권들이 낮은 등급의 대출 채권에 관심을 보이지 않자, 은행은 이를 높은 등급의 채권과 섞어서 위험도를 희석시킨 변칙적인 상품을 판매하기 시작했다. 이렇게 설계된 상품은 정확한 안정성을 측정하기조차 어려웠고, 안정성 평가의 주체들 역시 엄정한 평가보다 파생상품들에 대한 보험이라고 할 수 있는 CDS를 통해 천문학적인 돈을 벌어들이기에 여념이 없었다. 이렇게 허술하고 방만한 미국 금융권의 투자상품 운용은 얼마 지나지 않아 큰 파국으로 이어졌다.

위기의 조짐은 이미 2006년부터 나타나고 있었다. 엄청난 기세로 뛰어오르던 미국 주택 가격이 2006년을 기점으로 하락세로 돌아선 것이다. 무분별한 투기를 이어온 미국 시장은 패닉에 빠졌고, 쏟아져 나온 급매물들은 집값을 폭락시키기 시작했다. 2006년부터 25개월 동안 29.1%의 집값이 빠졌는데, 이 때문에 주택 가치보다 더 많은 대출 부담을 지닌 이른바 깡통 주택의 비중이 1200만 가구를 넘어선다. 이제 은행들은 대출의 일부를 회수하거나 추가 담보 요구에 나서야 했지만 투기에 매몰된 시장의 대출 상환율이 높을 리 없었고, 주택압류는 사상 최고치로 늘어났다.* 결국 2007년 2월, 유동성 위기를 견디지 못한 펜실베니아 메트로폴리탄 저축은행Metropolitan Savings Bank의 파산을 시작으로 3개의 지역 은행이 연달아 무너졌으며, 미국 두 번째 규모의 서브프라임 모기지Subprime Mortgage 대출회사인 뉴센추리 파이낸셜New Century Financial과 10위권 업체 아메리칸 홈 모기지 인베스트먼트AHMI, American Home Mortgage Investment Corporation마저 문을 닫는다. 이듬해에는 더 많은 26개의 은행이 쓰러졌고, 결국 은행권의 유동성 문제는 파생상품의 연결고리를 타고 금융권으로 번져, 2008년 9월 대형 투자은행인 리먼브라더스를 파산시키고 만다.** 당시 리먼브라더스가 기록한 부채는 무려 6130

억 달러였으며, 이는 미국 역사상 가장 거대한 규모의 파산이었다. 미국 시장의 금융손실액만 최대 1조 달러에 달했고, 부동산 거품 붕괴와 투자 손실로 증발한 가계 자산은 19조 2000억 달러로 추정되었다. 이것이 우리가 잘 알고 있는 비극적인 서브프라임 사태^{Subprime Mortgage Crisis}이다.

* ───

2007년 미국 시장에서 대출을 갚지 못해 주택을 압류당한 사례는 100만 건을 넘어서고 있었다. 이는 2006년에 비해 77.6%가 증가한 수치였으며, 2008년에는 여기서 또 78.6%가 증가한다. 가히 사상 최고의 부동산 위기였던 것이다. 이때 꾸준히 13%를 상회하는 연체율을 보인 서브프라임 등급에서 가장 큰 문제가 터져 나오면서, 시장은 이것을 서브프라임 사태^{Subprime Mortgage Crisis}라고 불렀다.

** ──

위기의 조짐은 이미 2007년부터 나타나고 있었다. 미국 5위권 투자은행인 베어스턴스^{The Bear Stearns Companies, Inc.}에서 운용하는 200억 달러 규모의 헤지펀드^{Hedge Fund}가 파산 보호 신청을 하여, 미 연준이 긴급 대출을 지원한 상태였고, 리먼 브라더스 역시 서브프라임 모기지 부실과 파생상품 손실 등으로 연준에 손을 벌리고 있었다. 하지만 벤 버냉키^{Ben Bernanke} 연준 의장, 헨리 폴슨^{Henry Paulson} 재무부 장관, 티모시 가이트너^{Timothy Geithner} 뉴욕 연방준비은행 총재 등이 리먼의 담보 능력에 의문을 표하면서 리먼의 구제안이 거부되어버린다. 이후 리먼은 뱅크오브아메리카^{BOA, Bank of America}와 바클레이즈^{Barclays PLC} 등에 매각을 추진하지만 결국 협상이 결렬되며, 2008년 9월 15일 미국 역사상 가장 거대한 규모의 파산을 맞이하게 된다. 리먼브라더스 외에도 메릴린치^{Merrill Lynch}, 시티그룹^{Citigroup}, 모건스탠리^{Morgan Stanley}, 뱅크오브아메리카^{BOA, Bank of America} 등 주요 거대 은행들의 손실이 600억 달러를 넘어섰고, HSBC, 바클레이즈^{Barclays PLC}, 도이치방크^{Deutsche Bank}, 크레딧스위스^{Credit Suisse} 등 유럽계 은행들도 400억 달러에 가까운 피해를 입었다. 이후 세계 최대의 보험사 AIG도 파산 상태로 들어가는 등 가히 대공황을 뛰어넘는 금융권 최대의 위기가 펼쳐진다.

서브프라임 사태의 충격은 대공황을 넘어설 만큼 강력했다. 월가의 금융기관 중 절반 이상이 M&A의 위험에 노출되었다고 해도 과언이 아닐 정도였고, 실물경제 역시 큰 타격을 받아, 2008년 한 해 동안만 360만 명의 실업자가 발생했다. 경제성장률은 마이너스로 돌아섰으며, 미국 기업의 도산율이 49%나 늘어났다. 미국 최대 자동차 기업 GM과 3위 업체인 크라이슬러^{Chrysler}도 이때 파산절차에 들어갔다.* 이러한 위기는 미국 시장에만 한정되지 않은 채, 전세계 금융시장을 급격히 위축시켜, 국가기간 산업이 금융업이던 아이슬란드^{Iceland}와 아일랜드^{Ireland}를 국가부도 위기에 빠트렸으며, 우크라이나^{Ukraine}, 헝가리^{Hungary}, 라트비아^{Latvia}, 파키스탄^{Pakistan} 등 신흥국들을 IMF 구제금융 상태로 진입시켰다. 위기가 심각해지자 2008년 12월, 당시 미국 연방준비제도 이사회 의장인 벤 버냉키^{Ben Bernanke}는 전임자 그린스펀의 저금리 정책을 훨씬 뛰어넘는 0.25%의 초저금리를 단행하는 방식으로 시장을 회복시키려 했다. 하지만 서브프라임의 충격이 이미 실물경제까지 깊게 전이된 상태였기 때문에 저금리만으로는 위기를 벗어날 수 없었다. 결국 버냉키 의장은 미 연준 100여 년 역사상 가장 강력한 정책을 내놓게 되는데, 그것이 바로 달러를 직접 찍어내 시장에 투입하는 양적완화^{Quantitative Easing}였다. 양적완화는 우회적으로 유동성을 증가시키는 저금리 정책과 달리 연준이 직접 달러를 찍어내 시장에 투입하는 사상 초유의 통화정책이었고, 이를 통해 6년 동안 무려 4조 달러가 뿌려진다.** 이렇게 형성된 엄청난 유동성은 주식, 채권, 부동산 등 어려움을 겪고 있는 자산시장으로 흘러들어갔으며, 끝모를 침체에 빠져 있던 경기를 반등시켰다. 뿐만 아니라 닷컴 버블에 이어 또다시 정부가 시장의 손실을 보전해 준다는 인식이 나타나면서, 미국 시장의 투자 열기는 더욱 증폭되는 양상을 보였다. 이때부터 2018년 상반기까지 저금리와 양적완화를 기반으로 한 10년여에 걸친 강세장이 펼쳐졌고, 이 과정에서 디지털 브랜드 시대가 더욱 고도화된 새로운 브랜드 패러다임이 등장하기 시작한다.

*———————————————————————

미국 제조업의 상징과도 같던 GM의 파산은 매우 충격적인 일이었다. 하지만 GM은 이미 도요타 등에 밀려 1980년대부터 이전의 영향력을 나타내지 못하고 있었고, 1986년에는 북미 지역의 11개 공장을 폐쇄할 만큼 상황이 좋지 못했다. 이때 닥쳐온 서브프라임 사태는 2008년 미국의 자

벤 버냉키(Ben Bernanke), 1953~

버냉키가 단행한 사상 초유의 양적완화는
디지털 브랜드의 시대를 더욱 고도화시킨
새로운 브랜드 패러다임을 창출하게 된다.

동차 판매를 22.07% 감소시키면서 GM에 결정적인 충격을 가한다. 게다
가 미국 정부는 금융권의 위기에만 몰입된 나머지 경쟁력을 잃어버린 제
조업의 구제에는 그다지 주의를 기울이지 않았고, 그러는 사이 GM의 부
채 규모는 1764억 달러까지 늘어나버린다. 2007년 10월 43달러에 달하
던 GM의 주가는 2009년 5월 75센트까지 떨어졌으며, 유동성 위기를 극
복하지 못한 GM은 결국 파산 절차를 밟게 되었다.

** _____

미국 연방준비제도 이사회 의장인 벤 버냉키^{Ben Bernanke}는 전통적인 금리
완화 정책이 효과가 없다는 걸 파악한 뒤, 시장에 직접 유동성을 공급하
기로 한다. 이를 위해 연준은 엄청난 달러를 찍어내 미국 정부가 발행한
국채를 사들이기 시작했고, 미국 정부는 이를 통해 확보한 막대한 유동

성을 구제금융과 감세, 공공지출 확대에 쏟아부었다. 당시 시중에 투입된 천문학적인 달러를 빗대어 하늘에서 돈을 뿌려대는 '헬리콥터 머니'Helicopter Money라는 표현이 등장할 정도였다. 이 표현은 버냉키 의장이 2002년 워싱턴 전미경제학자클럽NEC, National Economists Club에서 진행한 연설 중 일본과 같은 장기불황이 닥칠 경우 대규모 통화정책으로 해결하겠다는 취지를 밝힌 부분에서 유래되었는데, 그는 "돈을 찍어내 감세를 하는 건 밀튼 프리드먼의 그 유명한 헬리콥터 머니와 같다."A money-financed tax cut is essentially equivalent to Milton Friedman's famous helicopter drop of money라는 발언으로 직접적인 통화량 투입의 유효성을 강조했다. 그리고 2008년, 이 발언은 결국 현실로 나타났다.

참고자료

벤 S. 버냉키 저, 김홍범, 나원준 옮김, [벤 버냉키, 연방준비제도와 금융위기를 말하다], 미지북스(2016), 117~159쪽

로버트 쉴러 저, 정준희 옮김, [버블 경제학], 랜덤하우스(2009), 64~75쪽

하루야마 쇼카 저, 유주현 옮김, [서브프라임], 이콘(2008), 21~41쪽

홍춘욱 저, [7대 이슈로 보는 돈의 역사], 로크미디어(2020), 288~294쪽

브루스 E. 헨더슨, 조지아 가이스 저, 김정환 옮김, [서브프라임 크라이시스], 랜덤하우스(2008), 85~101쪽

Josph Tibman 저, 장훈, 송동섭, 유영인 옮김, [리먼브러더스의 오판], 첨단금융출판사(2010), 136~155쪽

소에지마 다카히코 저, 박선영 옮김, [달러가 사라진 세계], 예문(2010), 31~45쪽

장보형 저, [버냉키노믹스], 유비온(2007), 203~207쪽

가토 이즈루, 야마히로 츠네오 저, 우성주 옮김, [세계의 경제대통령 버냉키 파워], 달과소(2006), 102~114쪽

-||||-

2

무선 인터넷이
가능해지다

1990년대 중반부터 보급된 2G^{Short for Second Generation} 통신기술은 아날로그 휴대폰^{Cell Phone}의 신호를 디지털로 전환하여, 간단한 데이터 통신을 가능하게 만들었다. 비록 최대 64kbps라는 느린 속도였음에도 휴대폰끼리 문자 메시지를 주고받을 수 있다는 사실만으로 2G 기술은 큰 인기를 얻게 되고 1990년대 후반 전 세계 휴대폰 가입자 수를 7억 명선까지 증가시켰다. 이후 2001년 일본의 통신사 NTT 도코모^{NTT DoCoMo}가 2G보다 이론상 4배 이상 빠른 3G^{Short for Third Generation} 통신기술을 상용화하면서, 본격적인 휴대폰 내의 무선 데이터 통신이 가능해진다. 하지만 폐쇄적인 일본 통신 시장의 특성상 3G 통신기술은 전 세계로 뻗어나가지 못한 채 한동안 일본 내수 시장에만 머물렀다.*

일본의 통신 시장은 갈라파고스^{Galápagos} 또는 일본^{Japan}의 영문 표기와 합쳐 잴라파고스^{Jalapagos}라고 불렸을 정도로 그 폐쇄성이 강했다. 이는 거대 통신 사업자를 중심으로 휴대폰 제조사와 컨텐츠 공급자가 종속적인 관계를 이루고 있었기 때문인데, 기간산업에 가까웠던 일본의 거대 통신 사업자들은 i-모드^{i-mode} 등 그들만의 독특한 무선 인터넷 규격을 고집한 채 전 세계적인 표준을 따르지 않았다. 이런 이유로 2007년 일본의 3G 가입자 비중은 50%를 넘어 3.5%에 그친 미국 시장을 크게 압도했지만 해외 시장에서는 전혀 영향력을 나타내지 못했다.

이런 3G 무선 데이터 통신의 물꼬를 튼 것은 애플의 아이폰^{iPhone}*이었다. 2007년 발표된 아이폰은 혁신적인 모바일 웹브라우징 기술을 통해 PC와 거의 다를 바 없는 휴대폰 내의 무선 인터넷 구현에 성공했으며, 기존의 휴대폰들보다 커진 화면과 멀티 터치 제스처^{Multi-Touch Gestures} 인터페이스 등으로 스마트폰의 개념을 대중화해낸다. 물론 아이폰 등장 이전부터 팜^{Palm}, HP, 컴팩^{Compaq} 그리고 블랙베리^{Blackberry}** 등에서도

스마트폰이 발매되고 있었으나, 일부 마니아층의 수요에만 머무른 채 아이폰처럼 엄청난 관심을 받지는 못했다. 다음 해 등장한 후속작 아이폰 3G는 3G 통신 기술이 탑재되어 Wifi 없이도 충분한 속도의 무선 인터넷 인프라를 활용할 수 있었고, 3.5%에 머물던 미국 시장의 3G 보급률을 20% 이상으로 끌어올리는 데 기여했다. 또한 아이폰 3G는 다양한 앱을 다운로드 받을 수 있는 앱 스토어[App Store]가 최초로 론칭되어 스마트폰이 하나의 플랫폼 생태계로 자리 잡는 역할을 했으며, 출시 후 1500만 대 이상이 팔려나갈 정도로 스마트폰 시장의 규모화를 이끌었다. 여기에 구글의 안드로이드[Android]***까지 더해지자, 2011년 미국 시장의 스마트폰 보급대수가 9천만 대로 늘어났고, 이때부터 미국 성인의 하루 모바일 앱 이용시간이 PC 인터넷 체류시간을 9% 이상 넘어서는 현상이 나타난다. 2013년이면 모바일 디바이스를 활용한 인터넷 접속

비중 자체가 PC를 추월하게 되면서, 인터넷을 중심으로 촉발되어 온 디지털 브랜드 패러다임이 시간과 공간의 제약을 받지 않는 모바일 플랫폼 속으로 진입하기 시작했다.

＊

아이팟^{iPod}과 아이튠즈^{iTunes} 성공에 고무된 애플은 빠른 속도로 성장 중인 휴대폰 시장에 진출하기 위해 모토롤라^{Motorola}와 제휴하여 2005년 ROKR이라는 휴대폰을 출시했다. 하지만 이런 방식은 애플만의 디자인 철학과 인터페이스를 적용하기 어렵다는 점을 깨닫고 독자적인 모델을 기획하기로 방향을 바꿔 2007년 아이폰^{iPhone}을 탄생시킨다. 당시 애플은 마이크로소프트의 태블릿 PC에 영향을 받아 터치가 가능한 소형 PC를 제작하고 있었는데, 이 프로젝트에서 파생되어 나온 것이 바로 아이폰이었다. 때문에 아이폰의 운영체제는 휴대폰보다 PC에 가깝게 제작되었으며, 이로 인해 인터넷 브라우징 성능 역시 PC와 별반 다름없는 수준을 보이게 된다. 기존 휴대폰 모델들보다 넓어진 화면과 멀티 터치 제스처 Multi-Touch Gestures 인터페이스 등도 태블릿 PC에 기반한 연구에서부터 이어진 결과였다. 이후 3G 통신 기술이 탑재된 후속작 아이폰 3G는 Wifi 없이도 빠른 속도의 무선 인터넷이 가능했고, 1500만 대 이상이 팔려나갈 정도로 많은 인기를 모으면서 이동통신사들로 하여금 합리적인 무선 인터넷 요금제를 신설하도록 유도했다. 이때부터 3.5%에 머물던 미국 시장의 3G 요금 가입자 비중이 2008년 25.5%까지 늘어났으며, 4년 뒤에는 80%로 증가한다. 이처럼 아이폰은 스마트폰이라는 새로운 플랫폼 생태계

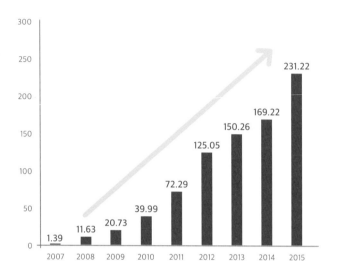

2007년부터 2015년까지 아이폰 출하량

아이폰은 애플이 독자적으로 하드웨어와 운영체제를 생산하는 폐쇄형 플랫폼이었고, 2013년까지
매년 한 종류의 모델만 발표했을 정도로 확장성이 좋지 못했다. 하지만 아이폰은 넓은 화면과 터치식
인터페이스 등 스마트폰의 하드웨어 개념을 정립했으며, 앱 스토어를 통해 스마트폰 생태계를
활성화시켰다. 아이폰으로 인해 전 세계 스마트폰 시장이 규모화되었다고 해도 과언이 아니다.
2011년을 기준으로 아이폰의 매출은 휴대폰 업계를 평정하고 있던 노키아(Nokia)를 넘어서기
시작한다.

출처 : Apple inc.

단위 : 백만대

를 제시했을 뿐만 아니라, 무선 인터넷 활성화에도 많은 영향을 미쳤다.

**

2007년 출시된 아이폰은 610만 대 이상의 판매고를 달성할 만큼 많은 관심을 받았음에도 불구하고 시장 점유율은 10% 이하에 머무르고 마는데, 이는 기업용 시장을 장악하고 있던 블랙베리[Blackberry]의 영향력 탓이 컸다. 블랙베리[Blackberry]는 터키 출신의 캐나다인 마이크 라자리디스[Mike Lazaridis]가 세운 Research In Motion[RIM]에서 개발한 스마트폰으로서, 1999년부터 이미 BES[BlackBerry Enterprise Server]와 BIS[Blackberry Internet Service]라고 불리는 전용 서버를 통해 이메일 및 메신저 등 디지털 데이터의 실시간 송수신 기능을 지원하고 있었다. 인터넷 역시 전용 서버에서 압축된 데이터를 다운로드 받는 방식으로 사용이 가능했고, 무엇보다 다양한 업무용 소프트웨어가 개발되어 기업과 공공기관 등에서 인기가 매우 높았다. 반면 아이폰은 사용할 수 있는 프로그램도 얼마 없었으며, 이메일을 확인하려면 15분마다 사용자가 스스로 이메일 앱을 구동해야 하는 등 그저 예쁘고 신기한 전자제품에 머물렀다. 블랙베리의 스마트폰 시장 점유율은 한때 40%에 육박하는 모습을 보이기도 했으나, 2008년 3G 통신 기술과 앱 스토어가 탑재된 아이폰 3G가 등장하면서부터 급격히 그 위상을 잃었다.

***

안드로이드[Android]는 2003년 미국의 프로그래머 앤디 루빈[Andy Rubin]이 설립

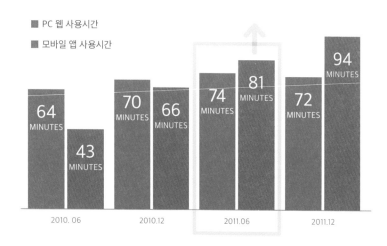

미국의 모바일 앱과 PC 웹의 하루 평균 사용시간 비교

2009년 삼성과 모토롤라가 구글 안드로이드 폰을 출시했고, 아이폰은 3G의 후속작인 3GS를
내놓는다. 이후 스마트폰 생태계의 성장 속도가 더욱 빨라져 2010년 전 세계 스마트폰의 판매량은 3억
대까지 늘어난다. 이후 2011년 미국 시장의 하루 평균 모바일 앱 사용시간은 PC 웹 사용시간을
추월하게 되는데, 이는 인터넷을 기반으로 성장해온 디지털 브랜드 패러다임이 완벽히 모바일로
넘어가고 있었음을 의미했다.

출처 : comScore, Alexa, Flurry Analytics

단위 : 분

스티브 잡스(Steve Jobs), 1955~2011

아이폰의 출시로 디지털 브랜드 시대는 커다란 전환점을 맞이하게 된다.

한 소프트웨어 제조업체이다. 처음에는 디지털 카메라용 소프트웨어를 개발했지만, 시장의 한계를 깨닫고 휴대폰용 운영체제 연구로 방향을 전환하는데, 여기서도 마땅한 납품처를 찾지 못한 채 2005년 구글에 인수되었다. 당시 구글의 안드로이드 인수에 대해서는 그다지 알려진 바가 없었으며, 인수금액이 대략 5000만 달러에 달했을 거라는 추측 정도가 전부였다. 이런 안드로이드의 실체는 2007년 11월 구글의 오픈 핸드셋 얼라이언스^{Open Handset Alliance}를 조직하면서부터 본격적으로 드러난다. 아이폰에 자극을 받은 구글이 다수의 휴대폰 제조사 및 통신사들과 연합하여 새로운 개념의 스마트폰을 내놓기로 한 것이다. 여기서 구글은 스마트폰 운영체제의 개발을 맡았고, 모토롤라, 삼성, HTC 등은 하드웨어 제조를 담당했다. 최초의 안드로이드 운영체제가 탑재된 스마트폰은 2008년 등장한 HTC의 G1이었으며, 이 제품은 6개월 만에 백만 대 정도의 판매량을 달성하는 등 준수한 성적을 거둬들인다. 이후 구글이 안드로이드 운영체제를 무료 오픈소스Open Source로 전환하자, 안드로이드 스마트폰의 확산세는 더욱 빨라졌고, 여기에 2011년부터 중국 스마트폰 업체들의 가세로 2013년 안드로이드의 점유율은 77.83%까지 상승한다. 스마트폰의 시장을 촉발시킨 장본인은 애플이었으나, 이를 더욱 확대시킨 것은 구글이라고 할 수 있다.

참고자료

지상현 저, [아이폰 성공의 비밀], 21세기북스(2010), 12~27쪽
하야시 노부유키 저, 정선우 옮김, [스티브 잡스의 위대한 선택], 아이콘북스(2010),
    16~23쪽
켄 코시엔다 저, 박세연 옮김, [잡스의 기준], 청림출판(2020), 259~265쪽
필 사이먼 저, 장현희 옮김, [플랫폼의 시대], 제이펍(2016), 135~145쪽
야마사키 준이치로 저, 성윤아 옮김, [돈버는 모바일, 아이폰 앱스토어],
    랜덤하우스(2010), 18~39쪽

-||||-

3

SNS가
출현하다

모바일 플랫폼과 무선 인터넷의 발달은 항시적 연결성이 강조되는 소셜 네트워크 서비스^{Social Network Services, SNS}들의 엄청난 성장으로 이어졌다. 이 당시 SNS는 '너 지금 무슨 생각 하니?'^{'What's in your mind?}, '너 지금 뭐 하니?'^{'What are you doing?}에 대한 의사소통을 실시간으로 공유하면서 인스턴트 메신저를 능가하는 사회적 관계망을 형성해냈고, 2011년 미국 스마트폰 사용자의 약 88%를 매일같이 SNS에 접속하도록 만들었다. SNS 열풍을 주도한 페이스북^{Facebook}*은 2007년부터 자사의 플랫폼 API^{Application Program Interface}를 외부에 공개해 다양한 서비스들을 페이스북

안으로 끌어들였으며, 이를 통해 SNS가 단순히 인맥 맺기의 창구가 아닌, 정보 연결의 매개체로 자리 잡게끔 유도했다. 사용자들은 페이스북 내에서 친구들과의 실시간 소통뿐만 아니라 다양한 뉴스 서비스와 미디어 컨텐츠, 게임 등을 즐길 수 있었고, 이런 오픈형 플랫폼 전략은 2008년 약 1억 명 수준이던 페이스북의 전 세계 사용자 수를 2011년 8억 5000만 명까지 늘어나게 한다. 이 당시 페이스북은 평균 체류시간 면에서도 구글을 62%나 앞서기 시작했는데, 닷컴 열풍 이후 새로운 투자처를 물색해 온 미국 시장이 모바일 패러다임과 융합된 이런 SNS의 성장에 주목하면서 페이스북의 기업가치는 상장기업인 야후와 이베이를 추월하게 되었다. 2012년 페이스북이 나스닥에 상장했을 때 그 규모는 미국 IT 기업 역사상 최고액인 1040억 달러에 달했으며, 이는 2004년 구글의 상장총액인 230억 달러와 비교하면 무려 350% 이상 높은 수준이었다. 페이스북과 함께 SNS의 성장을 이끈 트위터[Twitter]**의 경우 창업 초기부터 140자에 최적화된 인터페이스를 도입한 탓에 모바일 패러다임에 누구보다 빨리 최적화된 모습을 보였고, 2011년 모바일 접속 비중이 55%를 넘어 33%에 머무른 페이스북을 크게 앞질렀다. 풀-투-리프레시[Pull-to-Refresh](아래로 당겨서 화면을 새로 고침하는 인터페이스) 인터페이스와 SNS를 상징하는 해시태그[Hashtag] 기술 역시 트위터에서 최초로 활성화되는 등 트위터는 모바일 생태계 정립에 많은 영향을 미쳤다.

*————————————————————————

페이스북은 하버드 대학[Harvard University]에서 컴퓨터 사이언스를 전공하던 마크 저커버그$^{Mark\ Zuckerberg}$가 2004년 하버드 대학생들끼리의 친목을 위해 만든 웹사이트였다. 이후 스탠포드$^{Stanford\ University}$, 예일$^{Yale\ University}$ 등 미국의 명문 대학생들을 끌어들이기 시작했고, 2006년에는 일반인의 가입이 허용되어 사용자가 1200만 명까지 늘어난다. 2007년부터 페이스북은 사용자들에게 더 많은 컨텐츠와 다양한 즐길 거리를 제공하기 위해 페이스북의 플랫폼을 외부에 공개하는데, 이때부터 페이스북은 단순한 친목 도모의 공간이 아닌, 모든 서비스의 실시간적인 연결 창구로 성장할 수 있었다. 2008년부터 시작된 페이스북 커넥트$^{Facebook\ Connect}$는 페이스북의 아이디로 다른 서비스에도 손쉽게 로그인할 수 있게 만들었으며, 1년 만에 약 8만 개의 서비스들과 연동되면서 페이스북의 활용 가치를 더욱 증가시키게 된다. 이런 페이스북의 공격적인 오픈형 전략은 당시 1억 명이 넘는 사용자를 확보한 마이스페이스^{Myspace}를 단숨에 추월하게 만들었고, 2010년 야후와 구글의 트래픽까지 뛰어넘는 원인으로 작용한다.

✱✱ ───

트위터^{Twitter}는 인터넷 라디오 방송업체인 오데오^{Odeo}가 애플의 팟캐스트^{Podcast}에 밀려 새로운 사업 아이디어를 구상하던 중 탄생한 서비스였다. 당시 뉴욕 대학교$^{New\ York\ University}$를 중퇴한 뒤 오데오에서 엔지니어로 근무하던 잭 도시$^{Jack\ Dorsey}$는 휴대폰 문자메시지$^{SMS,\ Short\ Message\ Service}$를 통해 주변의 많은 친구들에게 새로운 소식을 전할 수 있는 아이디어를 제안했고, 오데오의 경영진이 이 프로젝트를 승인하면서 2006년 마이크로 블로그$^{Micro\ Blog}$ 형태의 트위터가 출시된다. 원래 트위터의 컨셉이 SMS 기반의 서비스였기 때문에 트위터는 140자 입력 제한 인터페이스로 설계되었으며, 이로 인해 그 어떤 서비스보다도 손쉽게 모바일 패러다임과 융합될 수 있었다. 또한 140자라는 한정된 공간은 트위터만의 짧고 감각적인 말투를 만들어내면서, 18세부터 29세 사이의 젊은 층 사이에서 선풍적인 인기를 끌도록 했다. 이런 트위터가 본격적으로 알려지기 시작한 것은 2008년 발생한 샌프란시스코 지진이 시초였는데, 당시 지진의 상황을 트위터가 실시간으로 중계해내자, 하루 5000건 남짓이던 트윗Tweet량이 30만 건으로 증가하는 현상이 나타난다. 이와 함께 버락 오바마Barack Obama 대통령이 자신의 선거 캠페인에 트위터를 활용하면서부터 트위터는 그 영향력이 전 세계로 확장되었으며, 2009년 하루 트윗량이 250만 건까지 늘어났다. 모바일 패러다임이 본격화된 2010년 이후 트위터의 성장 속도는 더욱 빨라졌고, 2012년 하루 3억 4000만 건 이상의 트윗을 만들어낸 트위터는 2013년 80억 달러의 시가총액으로 나스닥 상장에 성공한다.

페이스북과 트위터가 SNS의 성공 가능성을 입증해내자, 곧이어 수많은 후발 업체들이 등장했다. 특히 인스타그램Instagram*과 스냅챗Snapchat**이 큰 주목을 받았는데, 이들은 1세대 SNS들이 웹 기반의 서비스로 출발하여 모바일 패러다임에 올라탄 것과 달리 처음부터 모바일을 겨냥하고 있었으며, 2010년 이후 60% 수준까지 증가한 미국 시장의 3G 통신 보급률을 바탕으로 SNS를 사진, 동영상 등 멀티미디어의 영역으로 확장시켰다. 2010년 창업한 사진 공유 기반의 인스타그램은 아이폰용 앱으로 출시되었음에도 2년 동안 3000만 명이 넘는 사용자

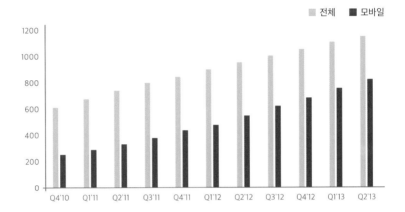

2010년부터 2013년까지 페이스북의 월간 사용자수 대비 모바일 사용자의 비중

2004년 창업한 페이스북은 2010년을 전후로 급격한 성장을 달성하는데, 이는 대부분 모바일 세션의 성장에서 비롯된 결과였다. 2010년 페이스북의 모바일 접속 비중은 30%대를 보였지만, 이 수치는 2013년 70% 이상으로 상승하면서, 페이스북의 사용자 수를 무려 2배 가까이 증가시킨다.

출처 : Facebook inc.

단위 : 백만명

를 모았고, 2011년 오픈한 스냅챗은 상대방에게 보낸 컨텐츠가 일정 시간 뒤 사라지는 독특한 휘발성 컨셉으로 2년 만에 6000만 다운로드를 달성해낸다. 이때부터 SNS는 게임을 제외하면 전 세계 모바일 트래픽의 가장 많은 비중을 차지하는 모습을 보였으며, 전 세계 온라인 인구의 약 59%를 SNS 플랫폼 안으로 끌어들였다. 이는 곧바로 SNS 플랫폼의 방대한 사용자 데이터 확보로 이어졌고, 더욱 정밀한 개인화 서비스와 보다 효율적인 마케팅 채널을 탄생시켜, 그동안 개념적으로만 인지해오던 플랫폼과 사용자 간의 긴밀한 연결성을 초연결[Hyper-Connected]적인 브랜드 패러다임으로 가시화했다.

*　─────────────────────────────

인스타그램[Instagram]은 스탠포드 대학[Stanford University]에서 경영학을 공부하고 구글 등에서 경력을 쌓던 케빈 시스트롬[Kevin Systrom]이 2010년 개발한 모바일 애플리케이션[Application, App]이다. 케빈 시스트롬은 멕시코에서 휴가를 보내던 중 여자친구가 아이폰으로 촬영한 사진을 주변에 공유하고 싶어 하지 않는 것을 눈치채고, 예쁜 카메라 필터[Filter]가 내장된 카메라 앱을 구상한다. 여기에 스마트폰의 위치정보까지 추가해 자신의 여행 사진, 스케줄 등을 다른 사람과 공유할 수 있는 버븐[Burbn]이라는 서비스를 출시하는데, 너무 복잡한 기능과 어려운 사용법 탓에 사용자들의 호응을 이끌어내지 못했다. 이후 버븐에서 불필요한 기능들을 모두 덜어낸 뒤, 사진 공유에만 초점을 맞춘 인스타그램을 재출시하여 1년 만에 1000만 명이 넘는 사용자를 모으는 등 엄청난 성공을 이끌어낸다. 인스타그램은 아이폰

마크 저커버그(Mark Zuckerberg), 1984~

모바일 패러다임에 올라탄 SNS는 초연결 브랜드 시대를 만들어낸다.

용 앱으로만 출시되었음에도 2011년까지 3000만 다운로드를 달성했으며, 2012년 10억 달러의 금액으로 페이스북에 인수된다.

** ────────────────────────────

스냅챗Snapchat은 스탠포드 대학Stanford University에서 프로덕트 디자인Product Design을 공부하던 에반 스피겔Evan Spiegel이 2011년에 제작한 사진, 동영상 기반의 SNS이다. 스피겔은 페이스북이나 트위터 등 당시 유명한 SNS에 너무 많은 사람이 몰린 나머지 자신만의 솔직하고 비밀스러운 얘기를 적을 공간이 없다는 것을 깨닫고, 자신이 공유한 메세지가 일정 시간이 지나면 사라지게 하는 자기 파괴 앱Self Destructing App의 컨셉이 도입된 스냅챗을 출시한다. 스냅챗은 특히 부모님과 선생님들의 감시를 피하고 싶은 청소년층에서 폭발적인 인기를 얻었으며, 출시 1년 만에 하루 5000만 장의 사진이 공유될 정도로 빠르게 성장했다. 2013년 스냅챗은 24시간 동안만 포스팅이 유지되는 스토리^{Story} 기능과 2015년 다양한 동영상 미디어를 감상할 수 있는 디스커버^{Discover}를 론칭하는 등 SNS 업계의 서비스 발전에 큰 영향을 미쳤다. 이런 스냅챗의 성장 가능성을 미리 눈치챈 페이스북이 2013년 약 30억 달러의 인수 제안을 했다고 알려져 있는데, 이게 사실이라면 스냅챗은 인스타그램보다 무려 3배의 가치를 인정받은 셈이었다. 2015년 기준 스냅챗의 하루 활성 사용자 숫자는 1억 5000만 명에 달했고, 스냅챗 전체 동영상 조회수가 페이스북의 75%에 달하는 모습을 보이면서, 2017년 240억 달러의 평가로 나스닥 상장에 성공하게 된다.

참고자료

마이크 회플링거 저, 정태영 옮김, [비커밍 페이스북], 부키(2018), 72~93쪽
예카테리나 월터 저, 황숙혜 옮김, [저커버그처럼 생각하라], 청림출판(2013), 217~223쪽
칸다 토시아키 저, 김정환 옮김, [트위터 혁명], 스펙트럼북스(2010), 60~78쪽
스콜 갤러웨이 저, 이경식 옮김, [플랫폼 제국의 미래], 비즈니스북스(2019), 164~169쪽
류한석 저, [플랫폼, 시장의 지배자], 코리아닷컴(2016), 114~118쪽
메리 차이코 저, 배현석 옮김, [초연결사회], 한울엠플러스(2018), 15~26쪽

4

고속 무선 데이터통신이 사용자와
플랫폼을 더욱 긴밀히 연결하다

모바일이 만들어낸 급격한 브랜드 패러다임의 변화는 4G 통신 기술을 통해 또 한 번 전환점을 맞이하게 된다. 2009년 스웨덴^{Sweden} 스톡홀름^{Stockholm}과 노르웨이^{Norway} 오슬로^{Oslo}에서 텔리아소네라^{TeliaSonera} 사가 상용화에 성공한 4G 통신 기술이 스마트폰 대중화를 촉진시켰던 도코모의 3G 기술보다 260배 이상 빠른 속도를 나타낸 것이다. 하지만 통신 인프라의 제약상 실제 보급 단계에서는 5~7배 정도의 속도에 그쳤는데, 이 정도만으로도 가정용 유선 인터넷 속도와 거의 비슷한 수준이었고, 달리는 차 안에서 영화 한 편을 2~3분 내로 다운받는 것이 가능했다. 다시 말해, 4G 통신 기술이 보급됨으로써 네트워크 접속의 공간적인 제약이 거의 사라지게 셈이었다. 4G 통신 기술은 2012년부터 미국을 비롯한 일본과 대한민국 등 전 세계 주요 시장에서 본격적으로

YouTube   NETFLIX

상용화되었으며, 2017년까지 전 세계 무선 데이터망의 72% 수준인 약 28억 명을 커버할 수 있을 정도로 빠르게 확산되었다. 이와 함께 고속화된 무선 데이터통신은 곧바로 대용량 데이터가 오고 가는 동영상 스트리밍Streaming 서비스의 성장으로 이어져, 전 세계 모바일 네트워크의 사용량을 급격히 증대시키기 시작한다. 2012년에 비해 2017년의 전 세계 모바일 네트워크 접속 시간은 203%가 늘어났고, 동영상 플랫폼의 대표주자인 유튜브Youtube*는 2017년 4G 네트워크 커버리지가 가장 앞선 대한민국에서 모바일 앱 사용자 체류시간 1위로 올라섰다. 같은 해 미국 주문형 동영상VOD, Video on Demand 서비스의 75%를 장악하던 넷플릭스Netflix**도 미국 시장에서 발생한 전체 모바일 앱 스토어 매출의 독보적인 1위를 달렸다. 늘어난 모바일 사용량은 플랫폼에 더욱 폭발적인 사용자 데이터를 제공하여, 이전 시대보다 훨씬 정밀하고 강력한 개인화 알고리즘을 탄생시켰으며, 2019년 유튜브 사용자들의 동영상 시청 시간 중 약 70% 이상이 이러한 추천 알고리즘을 통해 발생하도록 만들었다. 넷플릭스 역시 75% 가까운 매출을 추천 시스템에 의존할 정도였다. 4G 통신기술은 이렇게 모바일 디바이스 안으로 사용자를 더욱 강력하게 끌어들이면서, 사용자와 플랫폼 간의 연결성을 더욱 극대화했다.

---

* ————————————————————

유튜브Youtube는 2005년 간편 결제 서비스 페이팔Paypal 출신인 스티브 첸

Steve Chen, 채드 헐리Chad Hurley, 자웨드 카림Jawed Karim이 개발한 동영상 공유 서비스이다. 당시 동영상 시장은 어느 정도 표준화된 규격이 있는 사진, 음악 파일과 달리 상당히 다양한 포맷이 혼재해 있던 탓에 온라인 서비스를 구축하기가 상당히 까다로운 분야였다. 온라인으로 동영상을 감상하려면 다양한 플러그인Plug-in이나 코덱Codec 등을 설치해야 했고, 용량이 큰 동영상 파일의 경우 안정된 스트리밍Streaming을 유지하는 것조차 쉽지 않았다. 이에 유튜브의 창업자들은 매크로미디어Macromedia의 플래시Flash 기술을 활용하여 이런 문제들을 해결하는데, 플래시의 경우 97%에 이르는 보급률로 인해 별도의 프로그램 설치가 필요 없을 뿐만 아니라 가변 비트레이트 스트리밍Adaptive Bitrate Streaming 기술이 적용되어 인터넷 회선의 속도에 따라 실시간으로 화질과 용량을 조절할 수 있게 되었다. 플래시로 구현된 유튜브 플랫폼은 그 간편한 사용성과 끊김 없는 스트리밍 성능으로 엄청난 호응을 얻었고, 출시 반 년 만에 300만 명의 사용자를 모을 정도로 빠른 속도로 성장해갔다. 하지만 작은 규모의 스타트업이 막대한 인프라 투자가 필요한 동영상 서비스를 유지하는 것은 쉽지 않은 일이었으며, 서비스를 유지할 만큼의 수익을 올리지 못했던 유튜브는 결국 2006년 10월 16억 5000만 달러의 가격으로 구글에 매각되고 만다. 이후 2009년까지도 4억 7000만 달러의 적자를 보이는 등 만족할 만한 성과를 보여주지 못하던 유튜브는 유튜브 앱이 기본 탑재된 안드로이드 스마트폰의 인기를 바탕으로 2010년 흑자 전환에 성공했고, 모바일 디바이스로 고화질 동영상 감상이 가능한 4G 통신이 보급되면서부터 폭발적인 성장세를 나타내기 시작한다. 2011년 유튜브 모바일 사이트인 m.youtube.

스티브 첸(Steve Chen), 1978~

채드 헐리(Chad Hurley), 1977~

자웨드 카림(Jawed Karim), 1979~

4G 통신 기술의 발달은 유튜브와 같은 동영상 플랫폼의 성장으로 이어져
모바일 플랫폼 사용자 체류시간 증가에 중요한 역할을 담당했다.

com은 Youtube.com에 이어 전 세계 2위의 동영상 서비스로 올라섰으
며, 2014년 40%로 늘어난 미국 시장의 4G 보급률은 스마트폰 사용자들
로 하여금 모바일 데이터의 52% 이상을 동영상 시청에 사용하도록 만들
었다. 이를 통해 2015년 유튜브 모바일 동영상 시청 시간은 두 배가 넘게
폭증했고, 사용자의 유튜브 체류시간을 50% 가까이 증가시켰다. 4G 보
급률이 70%에 달한 2017년이 되면, 유튜브의 가치는 인수 시점보다 무
려 4,400% 이상 늘어난 750억 달러로 평가되기에 이른다.

** ────────────────────────────

넷플릭스^{Netflix}는 마크 랜돌프^{Marc Randolph}와 리드 헤이스팅스^{Reed Hastings}가

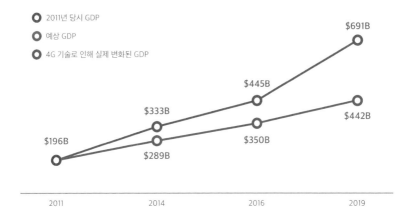

- ◎ 2011년 당시 GDP
- ◎ 예상 GDP
- ◎ 4G 기술로 인해 실제 변화된 GDP

$691B

$445B

$333B

$196B

$442B

$289B

$350B

2011   2014   2016   2019

4G가 미국 GDP 성장에 미친 영향력

2014년 무선 통신 업계의 미국 GDP 기여는 2890억 달러로 예측되었지만, 실제로는 3330억 달러를 기록했다. 이는 2014년 40% 수준까지 성장한 미국의 4G 통신 보급률이 영향력 때문이었는데, 이후로도 4G의 성장률은 기대치를 뛰어넘어 2019년 6910억 달러의 규모를 보였다. 이 같은 결과는 3G의 성장률을 바탕으로 예측된 4420억 달러보다 무려 2500만 달러 가까이 많은 수치였다. 같은 기간 미국 전체 GDP는 15조 5500억 달러에서 21조 4200억 달러로 증가했고, 이 중 무선 통신 산업의 기여도는 10%에 달한 것으로 추정될 정도로 4G가 미국 GDP 성장에 미친 영향력은 대단했다.

출처 : ctia 2020
단위 : 달러

1997년 설립한 DVD 대여 서비스였다. 이들은 당시 닷컴 열풍에 힘입어 온라인으로 DVD를 대여하겠다는 계획을 세우고, 넷플릭스 닷컴^{Netflix.com}을 만든 뒤, 사용자가 주문한 DVD를 우편으로 배송하기 시작했다. 물론 집 근처 가까운 비디오 대여점을 이용하는 것이 더 간편할 수도 있었겠지만, 넷플릭스는 한 편에 50센트만 받는 공격적인 가격 정책으로 시장을 파고들었고, 1999년 이후에는 무제한 대여가 가능한 정액제 도입과 연체료 폐지 정책 등으로 큰 인기를 얻었다. 2002년까지 약 60만 명에 가까운 사용자를 모은 넷플릭스는 그 잠재력을 인정받아 약 3억 달러의 평가로 나스닥 상장에 성공했으며, 미국 각주에 물류센터를 구축하여 DVD 배송 시간을 1~2일 이내로 단축시키는 등 공격적인 확장 전략을 이어갔다. 하지만 2004년 거대 비디오 대여 업체인 블록버스터^{Blockbuster}가 온라인 대여 서비스를 론칭하고, DVD 시장 자체가 축소되는 모습을 보이자, 넷플릭스의 경영진은 새로운 사업에 뛰어들기로 한다. 그것이 바로 2007년 출시된 넷플릭스 온라인 스트리밍 서비스이다. 처음에는 기존 DVD 대여 고객들에게만 제한적으로 서비스했으나 2008년부터 본격적인 무제한 스트리밍 정책을 도입했고, 2010년에는 모바일 앱이 출시되어 그 활용도가 더욱 넓어졌다. 2013년 넷플릭스의 인터넷 트래픽 점유율은 유튜브를 69% 이상 뛰어넘는 모습을 보였으며, 2016년을 기점으로 미국 넷플릭스 가입자의 숫자는 전통적인 케이블 TV시장을 넘어선다. 2017년 넷플릭스는 게임을 제외한 전체 앱 스토어 매출 중 최대 규모의 매출을 달성했고, 기업가치는 유튜브를 넘어선 800억 달러로 평가받았다.

Uber ⌂ airbnb wework

　　사용자와 모바일 플랫폼 간의 공고한 연결성은 모바일 네트워크상에 존재하는 서비스뿐만 아니라, 일상적인 소비 수요에서도 시간적, 공간적 거리감을 완벽히 제거해가기 시작한다. 사용자를 더욱 효과적으로 분석할 수 있게 된 플랫폼들이 모바일 네트워크상에서 재화와 서비스에 대한 공급 단계를 혁신적으로 줄여내며 대안적 소비를 제시하게 된 것이다. 이를 공유경제^{Sharing Economy}라고 불렀는데, 오프라인의 잉여 자원을 실시간으로 필요한 사용자에게 재분배하는 비즈니스 모델로서 모바일 플랫폼의 성공에 고무되어온 미국 시장의 큰 주목을 받는다. 대표적으로 자신의 차량을 공유하는 우버^{Uber*}와 남는 방을 임대해 주는 에어비앤비^{Airbnb**}가 있었고, 사무실을 타인과 함께 쓰는 개념으로 시작한 위워크^{WeWork***} 역시 같은 맥락의 공유경제 모델로 인기를 끌었다. 우버는 2018년 미국 3대 완성차 회사인 GM, 포드^{Ford}, 피아트-크라이슬러^{FCA, Fiat Chrysler Automobiles}의 시가총액을 합친 것보다 높은 1200억 달러의 시가총액을 평가받을 정도로 빠르게 성장했으며, 에어비앤비^{AirBnB}도 2015년부터 이미 힐튼^{Hilton}, 메리어트^{Marriott}, 하얏트^{Hyatt} 등 세계적 호텔 체인의 가치를 넘어서며 공유경제의 가치를 입증했다. 이렇게 고속화된 무선 네트워크 통신은 사용자와 플랫폼을 더욱 밀접하게 연결하면서 초연결 브랜드 시대를 더욱 증폭시켰고, 공유경제를 통해 그 영향력을 더욱 규모화해냈다.

우버^{Uber}는 P2P 서비스인 레드 스우쉬$^{Red\ Swoosh}$를 창업하여 기업가로서 성공을 거둔 트래비스 캘러닉$^{Travis\ Kalanick}$과 검색 추천 사이트인 스텀블어폰^{StumbleUpon}을 이베이^{eBay}에 매각하여 큰돈을 번 개릿 캠프$^{Garrett\ Camp}$가 함께 설립한 차량 공유 서비스이다. 이들은 2009년 스마트폰으로 고급 리무진^{Limousine}을 호출할 수 있는 콜택시 사업인 우버캡$^{Uber\ Cab}$을 론칭하여 차량 호출 서비스의 가능성을 확인했고, 2012년에는 운전면허만 있다면 누구나 자신의 차량을 운송수단으로 제공할 수 있는 우버X를 출시한다. 공유경제 모델의 시작을 알렸던 우버X는 공급자와 사용자 측 모두에게 엄청난 호응을 얻으면서 출시 1년 만에 약 1억 달러의 매출을 올릴 정도로 빠르게 성장했으며, 2014년까지 44개국 170여 개 도시로 서비스 범위가 늘어났다. 우버는 차량 공유 서비스 외에도 자전거로 물건을 배달하는 우버러쉬$^{Uber\ Rush}$, 합승으로 더욱 저렴한 요금 체계를 제시한 우버풀$^{Uber\ Pool}$, 음식을 배달하는 우버이츠$^{Uber\ Eats}$ 등 모바일 플랫폼을 활용한 다양한 공유경제 모델들을 출시했고, 우버의 기업 가치는 170억 달러까지 뛰어올라 세계 최대 렌터카 기업인 허츠^{Hertz}를 추월하는 모습을 보인다. 하지만 이런 우버의 공유경제 모델들은 기존 산업들과의 충돌이 불가피했기 때문에 많은 사회적 문제를 유발하기 시작하는데, 아이러니하게도 그 파장의 강도가 심할수록 우버의 혁신성이 더욱 주목받는 계기가 되었다. 일례로 2014년 프랑스 파리를 비롯한 유럽 주요 도시의 택시 업계가 우버를 반대하는 대규모 폭력 시위를 벌였으나, 같은 시기 우버의 유럽 가입자 수는 8배가 증가할 정도였다. 이처럼 우버는 그 영향력 면에서 공유 경제

확산의 아이콘적인 역할을 했으며, 2019년 750억 달러의 평가와 함께 나스닥에 상장함으로써 공유경제의 실질적 가치를 입증했다.

∗∗ ────────────────────────────────

로드 아일랜드 디자인스쿨Rhode Island School of Design, RISD에서 디자인을 전공한 브라이언 체스키Brian Joseph Chesky와 조 게비아Joseph Gebbia Jr는 2008년 10월 미국 산업디자인학회Industrial Designers Society of America, IDSA의 샌프란시스코San Francisco 컨퍼런스가 개최될 때 주변 호텔이 부족하다는 점을 인지하고, 자신들이 살고 있는 아파트의 남는 공간을 빌려주는 사업을 시작했다. 이들은 당시 투숙객들에게 간단한 에어베드Airbed와 아침식사Breakfast를 제공했기 때문에 자신들의 서비스를 에어베드 앤 브랙퍼스트AirBed & Breakfast라고 불렀다. 에어베드 앤 브랙퍼스트는 일주일 만에 1000달러를 벌어들이며 성공적인 출발을 하는 듯했지만 컨퍼런스가 끝난 뒤에는 별다른 수익을 올리지 못하면서 사업적인 어려움에 빠져든다. 미대 출신이었던 두 창업자는 2008년 미국 대선 정국을 이용해 오바마 오스Obama O's와 캡앤 매케인즈Cap'n McCain's라는 아침 식사용 시리얼을 만들어 팔아 끈기 있게 사업을 유지했고, 이런 열정을 높이 산 실리콘밸리의 스타트업 엑셀러레이터Startup accelerator 와이 콤비네이터Y Combinator와 벤처투자기업 세콰이어 캐피탈Sequoia Capital로부터 2009년 약 60만 달러의 투자를 유치하는 데 성공한다. 이후 서비스명을 에어비앤비Airbnb로 바꾼 뒤, 서브프라임 사태로 어려움을 겪던 수많은 집주인들을 에어비앤비의 호스트로 참여시키는 등 공격적인 확장을 시도했으며, 2010년부터 본격화된 모바일 패러다임에도 적극적으로 올라타 기존의 전통적인 숙박업체에만 의존해왔던 전 세계 수많은 여행객들을 에어비앤비가 펼쳐놓은 모바일 네트워크상으로 끌어들였다. 위치 기반으로 동작하는 숙박 공유 모델의 특성상 모바일 패러다임은 에어비앤비의 플랫폼적인 매력을 증폭시켰고, 2011년 에어비앤비는 유럽 진출을 시작으로 그해 말까지 89개국에서 100만 건의 숙소 예약을 달성할 정도로 빠르게 성장했다. 2015년 소유한 호텔이 하나도 없는 에어비앤비의 기업가치는 100년 역사의 세계 최대 호텔 체인인 힐튼^{Hilton}을 넘어선 것으로 평가되었으며, 초연결 브랜드가 탄생시킨 공유경제의 영향력을 191개 국가로 확장시켰다. 2020년 12월 에어비앤비가 뉴욕 증시에 상장했을 때, 상장 첫날 기업 가치는 1000억 달러를 넘어섰다.

✳✳✳ ────────────────────────────

위워크^{WeWork}는 이스라엘^{Israel} 출신으로 에그 베이비$^{Egg\ Baby}$라는 온라인 유아복 쇼핑몰을 운영하던 애덤 뉴먼$^{Adam\ Neumann}$과 오리건 대학$^{University\ of\ Oregon}$에서 건축을 전공한 미국인 친구 미구엘 매켈비$^{Miguel\ McKelvey}$가 2008년 창업한 그린 데스크$^{Green\ Desk}$가 전신이다. 이들은 쇼핑몰 사업을 하는데 필요 이상으로 넓은 사무실을 임대해야 하는 것에 불만을 품고, 사무실을 작게 쪼개서 재임대하는 비즈니스를 시작했다. 당시 서브프라임 사태로 인해 뉴욕의 오피스들에는 많은 공실이 있었기 때문에 그린데스크는 월세 7500달러의 넓은 사무실을 15개 업체에게 각각 1000달러에 재임대하는 방식으로 괜찮은 수익을 만들어낼 수 있었다. 때마침 규모를 줄여야 했던 많은 뉴욕의 사업체들이 지속적으로 그린 데스크를 찾게 되면서 그린

데스크는 7개의 지점을 낼 정도로 성황을 이루었고, 두 창업자는 2010년 그린 데스크를 약 300만 달러에 매각한 뒤 본격적인 공유 오피스 모델인 위워크 창업에 뛰어든다. 위워크의 비즈니스 모델은 초연결 브랜드 패러다임과 정확히 일치하지 않는 부동산 재임대업에 가까웠지만, 그럼에도 위워크가 펼쳐놓은 공유 임대 오피스의 개념 안에서 수많은 스타트업이 성장할 수 있었으며, 멋진 커뮤니티 문화를 만들어 가는 등 초연결 브랜드 시대의 조력자 역할을 했다. 위워크는 손정의의 소프트뱅크^{SoftBank} 로부터 2020년까지 약 140억 달러를 투자받으면서 더욱 유명세를 탔다.

참고자료

로버트 킨슬, 마니 페이반 저, 신솔잎 옮김, [유튜브 레볼루션], 더퀘스트(2020),
    214~221쪽
코리 바커, 마이크 비아트로스키 저, 임종수 옮김, [넷플릭스의 시대],
    팬덤북스(2019), 112~117쪽
Patty McCord 저, [POWERFUL], Silicon Guild(2018), 15~19쪽
레이 갤러거 저, 유정식 옮김, [에어비앤비 스토리], 다산북스(2019), 37~75쪽
마셜 W. 밴 앨스타인, 상지트 폴 초더리, 제프리 G. 파커 저, 이현경 옮김,
    [플랫폼 레볼루션], 부키(2019), 126~145쪽
김환표 저, [우리의 일상을 지배하는 IT 거인들], 인물과 사상사(2016), 74~107쪽
차두원, 진영현 저, [초연결시대, 공유경제와 사물인터넷의 미래]. 한스미디어(2017),
    15~28쪽
과학기술정책연구원 저, [4차 산업혁명, 아직 말하지 않은 것들]. 이새(2018),
    160~167쪽

5

데이터가 스스로
판단하기 시작하다

　초연결 브랜드 시대는 수집된 데이터 간의 연결성이 그 존재 자체가 되는 브랜드의 등장으로 더욱 심화되기 시작한다. 특히 무한대에 가까운 데이터를 수집, 분석하여 스스로 결과를 도출해내는 고도의 AI[Artificial Intelligence] 기술이 급격한 성장을 이뤄낸 실시간 네트워킹 인프라와 융합하면서 이런 현상은 더욱 가속화되었다. 이미 AI 기술의 경우 2011년 IBM의 AI 알고리즘 왓슨[IBM Watson*]을 통해 인간보다 뛰어난 문제 해결 능력을 선보인 상태였으며, 2016년에는 구글 딥마인드[Google Deepmind]의 알파고[AlphaGo**]가 인간 고유 영역으로 여겨지던 직관력을 재현해내기도 했다. 일반 소비재 영역에서 AI의 상용화는 2011년 애플의 음성인식 프로그램 시리[Siri]로부터 시작되는데, 모바일 디바이스에 내장된 알고리즘이 사용자의 음성에 반응하는 단계를 거쳐, 아마존 알렉사[Amazon

Alexa와 구글 어시스턴트^{Google Assistant}에서는 대용량의 사용자 데이터를
클라우드 서버로 전송하여 이를 플랫폼이 스스로 학습하고 진화하는
수준까지 이른다. 현재 아마존 알렉사의 경우 사용자의 감정 상태에
따라 적절한 목소리와 톤으로 답변이 가능할 정도로 플랫폼과 사용자
의 연결성은 점점 더 유기적인 모습이 되어가는 중이다.***

* ───

왓슨^{IBM Watson}은 IBM이 1997년 개발한 딥 블루^{Deep Blue}에서 출발한다. 딥
블루는 체스 게임^{Chess Game}에 특화된 AI 알고리즘으로서 1997년 세계 체
스 챔피언인 개리 카스파로프^{Garry Kasparov}에게 승리하며 엄청난 화제를 모
았다. 하지만 딥 블루는 전체 경기에 대한 경우의 수를 어느 정도 한정할
수 있었던 체스 게임에만 특화된 상태였기 때문에 범용적인 개념의 AI와
는 거리가 있었다. 반면 왓슨의 경우 수학, 과학은 물론 인문학 분야를
포함한 책 100만 권 분량의 데이터와 2억 페이지 이상의 컨텐츠를 습득
한 채 초당 80조 번의 연산 능력을 통해 문제해결 능력을 구현해내는 것
이 가능했다. 진정한 의미에서 최초의 대중적인 AI는 왓슨이라고 할 수
있으며, 2011년 미국 유명 퀴즈쇼 제퍼디!^{Jeopardy!}에서 퀴즈 챔피언들을 압
도적인 차이로 제압하면서 AI의 존재감을 알리게 된다.

** ───

알파고는 2010년 영국의 딥 마인드가 개발한 AI 알고리즘으로서 2014년
구글에 약 4억 달러에 인수된 뒤 체스 게임보다 훨씬 복잡한 바둑에 도

전하기 시작한다. 6종류의 말과 64칸에 국한된 체스와 달리, 바둑은 슈퍼컴퓨터로 계산을 해도 수억, 수십억 년이 걸릴 수도 있을 만큼 다양한 상황이 연출되는 게임이었다. 때문에 AI가 바둑에 도전하는 것은 불가능하다고 여겨졌지만, 알파고는 최적의 수를 정하는 일종의 직관력을 습득하는 방식으로 문제를 해결해나갔다. 알파고는 프로 바둑기사 한 사람이 약 30년 가까이 치러야 할 경기 분량인 3만 번 이상의 대국을 매일같이 진행했고, 반복된 학습 속에서 승리 공식을 스스로 찾아내며 성장했다. 결국 2016년 이세돌 9단과의 대국을 4대 1로 승리함으로써 AI가 인간의 직관과 사고능력을 뛰어넘을 수 있음을 증명했으며, AI에 대한 관심을 폭발시키는 계기를 만들었다.

*** ─────────────────────────────────

2010년 애플은 미국 스탠포드 국제연구소^{SRI, SRI International}에서 개발한 음성인식 알고리즘을 인수하여 2011년 이를 시리^{Siri}라는 이름으로 아이폰에 탑재했다. 이후 2014년 거대한 쇼핑 데이터베이스를 보유한 아마존이 PC와 스마트폰 없이도 쇼핑을 가능하게 할 목적으로 음성인식 알고리즘 알렉사^{Amazon Alexa}를 개발했고, 알렉사가 탑재된 스마트 스피커 에코^{Amazon Echo}는 2018년까지 약 1억 대 가까운 판매고와 스마트 스피커 시장의 72%를 차지할 정도로 큰 인기를 모은다. 또 2012년부터 구글 나우^{Google Now} 등을 통해 음성인식 기술을 시도해 온 구글 역시 2016년 양방향 의사소통이 가능한 구글 어시스턴트^{Google Assistant}를 선보이며 모바일 디바이스 내의 AI 경쟁에 뛰어들었다. 이들이 선보인 AI들은 엄청나게 복잡한 수준의 기술은 아니었지만, 모바일 디바이스 내에 음성인식 AI를 내장함으로써 실생활에서 연출되는 엄청난 양의 사용자 데이터를 축적할 수 있게 만들었다. 이런 사용자들의 데이터는 모두 자사의 플랫폼으로 보내져 AI 알고리즘을 정밀하게 업그레이드하는 데 활용되었고, 이를 바탕으로 사용자와의 더욱 유기적인 의사소통이 가능해지기 시작했다. 현재는 단순한 음성 인식을 넘어서 사용자의 의도까지 이해할 수 있는 자연 언어 처리Natural-Language Processing, NLP 기술이나, 말하는 당시의 감정을 알아챌 수 있는 수준까지 진화한 상태이다.

데이터 간의 초연결성은 사용자가 의식하지 않더라도 필요한 기능을 적절한 시점에 구현해내고, 변화를 즉각적으로 인지하여, 스스로 합당한 행동을 판단할 수 있는 능동적인 플랫폼의 등장으로 이어졌다. 대표적인 것이 플랫폼과 사용자 그리고 주변 사물 모두가 실시간으로 연동되는 자율주행 기술이다. 자율주행 기술은 탑승자의 안전을 담보해야 했기 때문에 알고리즘에 대한 신뢰성이 확보되기까지 오랜 시간이

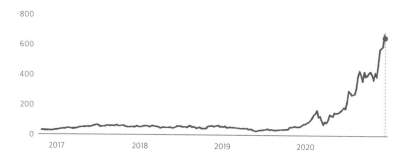

800			
600			
400			
200			
0			
2017	2018	2019	2020

테슬라 주가 변동

지금까지도 거품의 논란이 이어지고 있긴 하지만, 전기차 시장 확대가 예상보다 빨리 현실화되고, 기존 자동차 업체들의 대응이 부진하자 테슬라의 가치는 1년 만에 1000% 이상 뛰어올라 도요타와 폭스바겐을 추월했다.

출처 : Federal Reserve Board, Morgan Stanley Research

단위 : 달러

걸렸으며, AI 기술과 네트워킹 인프라가 충분히 갖춰진 초연결 시대에 도달해서야 비로소 상용화될 수 있었다. 가장 먼저 포문을 연 것은 전기자동차 제조사로 출발한 테슬라^{Tesla*}였다. 테슬라는 2015년 10월 오토파일럿^{Autopilot}이라는 주행보조 기능을 상용화함으로써 업계 최초의 부분적인 자율주행을 선보였고, 구글 웨이모^{Waymo}와 GM 크루즈^{Cruise}, 우버 ATG$^{Advanced\ Technologies\ Group}$ 등과 직접적으로 경쟁했다. 당시 이들이 내세운 자율주행 기술에는 서로 꽤 큰 차이가 있었는데, 테슬라가 비교적 저렴한 레이더^{Radar} 센서와 GPS 그리고 몇 대의 카메라를 통해 주행을 보조해 주는 역할에 집중했던 반면 웨이모와 크루즈, 우버의 경우 차량 주변을 레이저로 정밀하게 스캔하는 고가의 라이다^{LiDAR} 장비를 사용해 보다 완벽한 자율주행$^{FSD,\ Full\ Self-Driving}$을 추구했다. 기술적인 면에서는 운전자가 필요 없는 라이다 방식이 훨씬 우세했지만, 8만 달러에 육박했던 라이다 센서의 초기 가격을 적절하게 낮추지 못했던 탓에 주도권은 테슬라에게로 넘어가고 만다. 테슬라는 오토파일럿 기능을 앞세워 2016년까지 미국 전기차 시장의 45%를 장악했고, 7억 8000만 마일에 달하는 실주행 데이터와 매 10시간마다 쌓이는 1백만 마일의 데이터를 추가로 확보해내면서, 자율주행 알고리즘을 더욱 정밀하게 다듬을 수 있었다. 데이터가 스스로 판단하는 자율주행 기술은 내연기관 기술의 발전에만 의존해왔던 자동차 산업을 IT 기술의 영역으로 올려놓았으며, 초연결 브랜드 시대를 피부로 체감하도록 했다. 2017년 테슬라의 시가총액은 포드와 GM을 추월했고, 2020년에는 폭스바겐과 도요타를 넘어서 전 세계에서 가장 가치 있는 자동차 브랜드가 된다.

＊ ───────────────────────────────────────

테슬라^{Tesla}는 최초로 e북 리더기를 선보인 누보미디어^{Nuvomedia}의 공동 창
업자 마틴 에버하드^{Martin Eberhard}와 마크 타페닝^{Marc Tarpenning}이 2003년에 설
립한 전기자동차 제조사이다. 현재 테슬라의 CEO인 엘론 머스크^{Elon Musk}
는 2004년 테슬라에 650만 달러를 투자하면서 최대주주의 자격으로 테
슬라에 합류했으며, 전기차 로드스터^{Roadster} 개발에 깊게 관여했다. 영국
의 스포츠카 브랜드인 로터스^{Lotus}의 차체를 사용한 테슬라 로드스터는
2008년 최초 양산한 100대가 3주 만에 매진되는 등 전기차 시장의 가능
성을 알렸고, 단종될 때까지 2450대가 팔려나갔다. 이후 테슬라는 본래
의 목적인 세단형 대량 생산 전기차 개발에 뛰어들어 2012년 프리미엄급
세단인 모델 S^{Model S}를 발표한다. 하지만 테슬라의 모델 S는 2014년까지
닛산 리프^{Nissan Leaf}와 쉐보레 볼트^{Chevrolet Volt} 등 보다 저렴한 차종들에 밀
려 점유율 14%를 넘지 못했는데, 이런 테슬라가 폭발적인 시장의 관심을
받기 시작한 것은 2015년 오토파일럿^{Autopilot}이라는 부분적인 자율주행
기술을 선보이면서부터였다. 자율주행은 데이터가 판단한 신호에 따라
자동차의 주요 기능이 밀접하게 연동되는 기술로 엔진, 미션 등 복잡한
내연기관을 가진 전통적인 자동차의 구조에서는 구현이 쉽지 않았으며,
기존 자동차 제조사들은 시장 확대가 더딘 전기자동차 시장에 큰 관심
이 없었다. 때문에 테슬라가 자율주행의 키워드를 선점할 수 있었던 것
은 어쩌면 당연한 일이었다. 물론 테슬라의 오토파일럿이 구글 웨이모
^{Waymo}와 GM 크루즈^{Cruise}, 우버 ATG^{Advanced Technologies Group} 등의 라이다^{LiDAR}
기반 자율주행 기술보다 뛰어나다고 단정하기는 어렵지만, 실제 양산에

구글 웨이모(Waym)와 GM 크루즈(Cruise), 우버 ATG(Advanced Technologies Group)가 연구 중인
라이다(LiDAR) 기술은 차량 360도 주변을 레이저로 정밀하게 스캔하여 운전자 없이도 차량이 스스로
움직일 수 있는 말 그대로 진정한 자율주행 기술에 가까웠다. 하지만 라이다 센서 자체가 웬만한
차량의 가격을 상회하는 고가였고, 고용량 데이터를 처리하기 위한 주변기기들 역시 상당히 고사양
장비를 필요로 했기 때문에 양산에 큰 어려움을 겪는다. 실제 경쟁에서 어려움을 겪던 우버는
ATG사업부를 2020년 12월 7일 자율주행 스타트업 오로라(Aurora)에 매각했다.

엘론 머스크(Elon Musk), 1971~

테슬라는 초연결 브랜드 시대를 피부로
체감할 수 있게 만들었다.

성공했다는 점에서 큰 의미가 있다. 테슬라는 비교적 저렴한 센서류를
사용해 최고보다는 최적의 기술을 추구했고, 경쟁사 대비 조기 양산에
성공하여 엄청난 양의 자율주행 실데이터를 확보했다. 2020년 1월까지
테슬라가 축적한 자율주행 데이터의 양은 무려 22억 마일에 가까웠으며,
이는 초연결 브랜드 시대에서 신생업체 테슬라가 기존 자동차 제조사들
을 추월할 수 있었던 요인이 되었다.

참고자료

찰스 모리스 저, 엄성수 옮김, [테슬라 모터스], 을유문화사(2020), 110~113쪽
호드 립슨, 멜바 컬만 저, 박세연 옮김, [자율주행혁명], 길벗(2017), 114~129쪽

안드레아 헤르만, 발터 브레너, 루퍼트 슈타들러 저, 장용원 옮김, [자율주행],
한빛비즈(2019), 73~84쪽

김정섭 저, [초연결사회의 탄생], 위키미디어(2019), 398~403쪽

엄청난 유동성 공급은 디지털 브랜드 시대가
고도화된 초연결 브랜드 시대를 모듈레이션했다

디지털로 전환된 브랜드의 패러다임은 쉽게 사그라지지 않았다. 디지털 브랜드의 정점을 구가했던 닷컴 열풍 뒤에 불어닥친 서브프라임 사태는 전 세계 경제에 엄청난 타격을 가했지만, 이를 계기로 양적완화라는 전무후무한 유동성이 공급되며, 디지털 브랜드 시대는 더욱 고도화의 길로 접어든다. 특히 3G 통신 기술의 발달과 맞물린 애플의 스마트폰 출시는 인터넷 기반의 디지털 브랜드들을 모바일 패러다임으로 전환시키는 역할을 했고, 이는 곧바로 모바일 플랫폼에 특화된 소셜 네트워크 서비스의 등장으로 이어졌다. 이후 속도가 더욱 빨라진 4G 기술은 네트워크 접속의 공간적인 제약을 무너뜨리면서, 유튜브와 같은 동영상 플랫폼들을 급속도로 성장시켰으며, 이때부터 더 많은 용량의 데이터가 사용자와 플랫폼 사이에 실시간으로 오고 가는 초연결 브랜드 시대의 기반이 형성되기 시작한다. 이와 함께 사용자와 플랫폼 간의 연결성은 일상적인 소비 수요에서도 시간적, 공간적 거리감을 완벽히 제거한 공유경제의 성장 동력을 만들어냈고, 규모 면에서도 놀라운 성장을 나타냈다. 이제 플랫폼이 확보해낸 엄청난 양의 데이터는 데이터 그 자체가 스스로 사고하고 판단하는 AI 기술을 거쳐, 인간의 안전을 책임질 수 있는 자율주행 기술까지 진화한 상태이다.

  이미 거시적인 측면에서 브랜드 패러다임은 생산자가 브랜드 가치를 일방적으로 주입하는 단계를 지나, 그 어느 때보다도 사용자와의 유기적인 소통을 가능케 하는 시점에 도달해 있다. 앞으로 네트워크 연결에 대한 비용이 감소하고, 연결 속도가 증가할수록 초연결 시대의 패러다임에 올라탄 브랜드들은 새로운 가치를 창출해낼 수 있는 많은 기회의 장을 부여받을 가능성이 크다. 벌써부터 대중화가 시작된 차세대 5G 통신과 수많은 재화들이 네트워크에 연결되는 IoT^{Internet of Things} 기술 등은 이런 현상을 가속화 시키고 있으며, 2020년 전 세계 코로나 ^{COVID-19} 대확산을 이유로 또다시 쏟아지기 시작한 엄청난 유동성 역시 초연결 브랜드 시대를 한층 더 심화시킬 것으로 예상된다.

| 6 |

가까운 미래의
브랜드

1

팬데믹^{Pandemic}이
발생하다

2019년 12월 중국 후베이^{湖北}성 우한^{武漢}시에서 보고된 새로운 유형의 코로나바이러스^{COVID-19*}는 전 세계적으로 예상치 못한 위기를 만들어내면서, 이전 시대에 경험해보지 못한 많은 사회, 경제적 문제들을 불러왔다. 미국의 실업률은 대공황 이후 최고 수준인 14.7%까지 치솟았고, 2020년 3월 16일 발생한 주가 폭락은 미국 역사상 최대 규모를 나타냈다. 심지어 미국 2분기 성장률이 연율 기준 -32.9%까지 떨어져 1947년 집계를 시작한 이후 가장 큰 하락폭을 보일 정도였다. OECD는 9월 기준 전 세계 GDP가 -4.5% 역성장할 것이라는 전망을 내놓기도 하는데, 이 같은 초유의 사태에 대해 미 연준은 또다시 제로금리를 시행함과 동시에 2008년의 서브프라임 당시보다 두 배의 유동성을 쏟아 붓는 방식으로 대응한다. 이와 함께 달러 공급의 한도마저 없앤 무제한 양적완화가 발의되었고, 어려움에 빠진 기업과 증시에 직접 자금을 투입하는 이례적인 조치들이 이어졌다. 이는 미 정부 국채 매입을 통한 금융권 지원이나 공공지출 확대와 같은 기존 양적완화의 공식을 따르지 않는 새로운 차원의 구제안으로 이번 사태의 심각성을 여실히 보여줬다. 이렇게 신속하고 공격적인 구제금융 정책들은 2020년 2월 19일 이후 30% 이상 폭락한 나스닥을 6개월 만에 75.7% 반등시켰으며, 같은 기간 36.6% 하락한 다우존스를 이전 수준으로 끌어올렸다.

*───────────────────────────────

코로나바이러스는 아직도 연구가 진행 중이고, 치사율 및 그 위험도에 대한 여러 가지 주장들이 혼재해 있는 상태이지만, 분명한 것은 인류가 경험했던 그 어떤 전염병보다도 빠른 확산을 가져왔다는 점이다. 2009년 신종플루의 경우 100만 명 감염까지 1년 이상이 소요되었으며, 역사상 최악의 전염병 중 하나로 기록된 1918년 스페인독감 역시 6개월 이상 걸렸다. 하지만 코로나가 전 세계 인구 100만 명을 감염시키는 데에는 단 3개월밖에 걸리지 않았다.

하지만 아직도 팬데믹 상황의 정확한 끝을 알기 어렵고, 인위적인 부양책에 대한 반작용 및 예상 밖의 시나리오들이 만들어 낼 추가적 조정 가능성도 남아 있다. 닷컴 버블 폭락 직후 갑작스럽게 닥쳐온 9.11 사태나, 은행권의 부실로 불거진 금융위기가 1년 뒤 리먼 브라더스의 파산으로 이어진 사례처럼 향후 1~2년 내를 예측하기란 쉽지 않

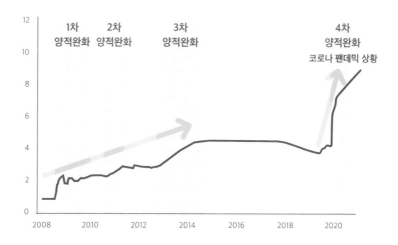

연준의 대차대조표로 살펴본 자산 변화 추이

연준은 2008년 서브프라임 사태 이후 6년간 3차례에 걸쳐 약 4조 달러를 시장에 투입하여, 위기에 빠진 시장을 강세장으로 돌려놓았다. 반면 2020년의 팬데믹 상황에서는 이를 뛰어넘는 초유의 부양책이 집행되었고, 자칫 사상 최대의 침체 국면으로 진입할 뻔했던 시장을 빠른 속도로 반등시켰다. 게다가 이러한 유동성이 기존 브랜드 패러다임을 지배하고 있던 기업들에게 집중되면서 초연결 브랜드 시대는 더욱 공고해지는 양상을 나타내게 된다.

출처 : Federal Reserve Board, Morgan Stanley Research
단위 : 1조 달러

다. 그럼에도 불구하고 지금까지 표출된 일련의 현상들을 살펴본다면, 기존 패러다임을 지배해온 브랜드들의 시장 지배력이 더욱 강화되었다는 사실에 주목할 수 있다. 애플, 페이스북, 알파벳Alphabet(구글 모회사), 아마존, 마이크로소프트로 대표되는 5대 테크기업의 합산 가치가 2020년 8월 미국 주가지수 척도인 S&P500Standard & Poor's Index의 20%를 추월해 유럽 전체 주식 시장을 넘어선 상태이고, 테슬라 역시 3월 중순 대비 최대 상승폭이 800%를 넘어섰다. 금융 역사 이래 최대의 유동성이 만들어낸 상승 기조가 초연결 브랜드 패러다임의 심화 현상으로 이어지고 있는 것이다.

참고자료

최윤식 저, [빅체인지, 코로나19 이후 미래 시나리오], 김영사(2020), 23~28쪽
정채진, 박석중, 이광수, 김한진, 김일구, 여의도 클라스, 윤지호, 최준영 저,
    [코로나 투자전쟁], 페이지2(2020), 209~212쪽
임승규, 장두석, 양석재, 조관자, 김재헌, 유필립, 박남기 저, [포스트 코로나],
    한빛비즈(2020), 104~111쪽
김용섭 저, [언컨택트], 퍼블리온(2020), 211~219쪽
제이슨 솅커 저, 박성현 옮김, [코로나 이후의 세계], 미디어 숲(2020), 179~185쪽

-||||-

2

더욱 광범위한
연결이 나타나다

2019년 4월, 초연결 브랜드 시대를 촉발시킨 4G 통신 기술보다 이론상 20배 이상 빠른 5G 통신기술*이 상용화된다. 5G는 향상된 데이터 전송 속도뿐만 아니라, $1km^2$ 반경 내 100만 개 이상의 디바이스를 연결할 수 있는 데이터 처리 능력으로 플랫폼과 사용자 간의 데이터 연결을 더욱 고도화시켰다. 반응 속도 역시 시, 청각 인지력의 25배 수준인 1밀리 세컨드(1ms=1/1000초)까지 줄어 사실상 완벽에 가까운 네트워킹을 구현해냈다. 이를 대한민국에 적용할 경우 단위 면적 당 인구 수 대비 약 2000배 가까운 디바이스를 항시 네트워크에 연결하는 것이 가능해진다. 아직 4G에 비해 높은 주파수 대역 탓에 훨씬 많은 통신 인프라를 설치해야 하는 문제가 남아 있지만, 5G 통신은 곧 초연결 패러다임을 뛰어넘는 새로운 단계의 연결성으로 이어질 가능성이 높다.

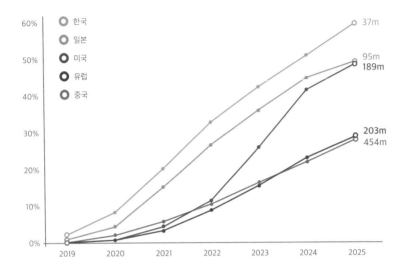

5G 예상 보급률

4G에 비해 많은 인프라 투자가 필요한 5G의 특성상 4G만큼 빠른 대중화를 기대하긴 어렵다. 당분간
팬데믹으로 인한 유동성의 수혜를 입은 기존 브랜드들 중심으로 새로운 패러다임이 가시화될
가능성이 높아지겠만, 5G의 보급률이 의미 있는 수준에 올라서는 2~3년 후부터라야 새로운 차원의
브랜드들이 주도권을 차지할 것으로 보인다.

출처 : GSM Association

단위 : %, 사용자 수

이미 2020년 기준 미국 시장에는 가구당 약 10.37개의 네트워크 기기들이 보급되어 있고, 5G의 보급률이 의미 있는 수준까지 올라설 향후 5년 동안 그 숫자는 두 배 이상 늘어날 전망이다. 그리고 이렇게 광범위해진 사용자와 플랫폼 간의 연결성은 사용자 최적화에만 머무르지 않고, 플랫폼 자체를 개인화 기재로 변환하여 플랫폼에 진입한 사용자들에게 서로 다른 브랜드 경험을 제공하는 또 다른 차원의 초개인화^{Hyper-Personalization} 패러다임을 모듈레이션할 것으로 보인다. 이제 사용자의 무의식적인 행동과 생활패턴, 자신도 알지 못했던 선호도가 반영된 수준까지 브랜드 개인화가 진행될 시점이 멀지 않았으며, 이것이 현실화되었을 때 브랜드는 기존의 일원화된 인지 행태를 벗어나 더욱 파편화된 양상을 나타낼 듯하다.

*────────────────────

가장 먼저 5G 통신을 상용화한 국가는 대한민국이다. 공식적인 기록에서 미국 버라이즌^{Verizon Communications}을 2시간 앞섰다. 하지만 대한민국이 시도한 5G는 주파수 규격이 3.5Ghz로 진정한 의미의 5G인 28Ghz와는 격차가 컸다. 주파수 대역이 높을수록 전파의 손실률이 높아 막대한 인프라 투자가 필요했기 때문에 의도적으로 낮은 대역의 주파수를 선택한 것이었다. 3.5Ghz만 하더라도 2.6Ghz를 사용하는 4G에 비해 2배 가까운 기지국이 설치되어야 하고, 28Ghz의 경우 최소 4.3배에서 최대 18배까지의 인프라 투자가 필요한 것으로 알려져 있다. 이런 고주파수 대역의 5G 보급을 현실화하기 위해 수십 미터 단위로 초소형 안테나를 배치하는 스몰셀^{Small Cell} 기술과 분산된 안테나의 신호를 한 곳으로 집중시키는 빔포밍^{Beamforming} 기술 등이 시도되고 있으며, 2020년 10월 애플은 28Ghz의 5G 전파를 사용할 수 있는 아이폰 12를 출시하면서 본격적인 5G 시대를 예고하기도 했다.

참고자료

고삼석 저, [5G 초연결사회, 완전히 새로운 미래가 온다], 메디치(2020), 29~36쪽
김남도, 전미영, 최지혜, 이향은, 이준영, 이수진, 서유현, 권정윤, 한다혜 저,
    [트렌드 코리아 2021], 미래의 창(2020), 71~80쪽
클라우드 슈밥 저, 송경진 옮김, [클라우드 슈밥의 제4차 산업혁명],
    메가스터디북스(2020), 198~202쪽

-||||-

3

데이터의 진원지가
이동하다

　초연결 브랜드 시대를 모듈레이션했던 데이터의 고도화는 지금까지 브랜드 패러다임의 관점에서 볼 때 주목받지 못했던 지역에서 더욱 가시적인 결과물을 만들어내고 있다. 바로 거대한 데이터의 왕국이라고 부를 수 있는 중국이다. 소비에트 연방$^{Soviet\ Union}$의 붕괴와 함께 뒤늦은 시장 개방을 시작한 중국은 1990년대 디지털 패러다임 전환에는 성공적으로 올라타지 못했지만 데이터가 주요 매개체가 되는 초연결 패러다임의 시점 이후 전혀 다른 양상을 보였다. 2020년 가장 많은 다운로드를 기록한 앱은 유튜브나 페이스북이 아닌 중국 바이트댄스^{ByteDance,} ^{字節跳動}의 틱톡^{TikTok*}이었고, 글로벌 유니콘 스타트업 상위 10개 중 절반이 중국 기업으로 채워진 상태다. 초연결 패러다임의 상징인 공유경제 사용자 수는 2017년 7억 명을 넘어 이미 전 세계 최대 규모로 올라섰으며, 스마트폰을 활용한 모바일 페이먼트^{Mobile Payment**} 보급률 역시 미국의 두 배가 넘는다. 자율 주행의 필수 인프라인 전기 자동차 누적 판매량도 전 세계 최고 수준에 가깝다. 게다가 사회주의에 기반한 중국 정부 정책 기조 덕분(?)에 중국 플랫폼 기업들은 개인 동의와 같은 윤리적인 문제를 무시한 채 사용자의 방대한 데이터를 손쉽게 취득하고 분석하는 것이 가능해 보인다. 무려 8억 명이라는 스마트폰 사용자의 데이터 개방과 통제를 의도적으로 조절할 수 있는 국가인 중국은 다가올 새로운 패러다임 전환 과정 중 가장 유심히 주목해야 할 시장임이 분명하다.

* _____

현재 알리바바^{Alibaba, 阿里巴巴}, 위챗^{WeChat, 微信}, 바이두^{Baidu, 百度} 등 거대한 규모의 중국 브랜드들이 있지만, 대부분 중국 내수 시장에 머무를 뿐 틱톡^{TikTok}만큼 글로벌한 영향력을 발휘한 브랜드는 없었다. 틱톡은 2016년 중국의 바이트댄스^{ByteDance, 字節跳動}가 만든 숏 클립^{Short Clips} 플랫폼으로 2017년 11월 미국 시장에서 인기를 얻고 있던 중국 앱 뮤지컬리^{Musical.ly}와 합병한 뒤, 2018년 8월부터 두 계정을 통합하여 전 세계에서 가장 주목받는 SNS 플랫폼으로 성장했다. 2020년 7월 미국 트럼프^{Donald Trump} 행정부가 틱톡의 사용 금지를 추진하기 전까지 1000억 달러 기업 가치를 넘긴 최초의 헥토콘^{Hectorcorn} 스타트업으로 평가받아왔다.

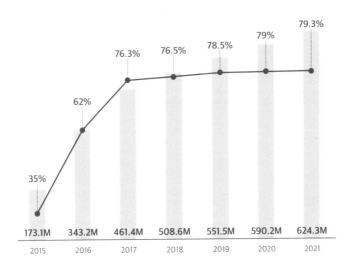

중국 스마트폰 사용자의 모바일 페이먼트 보급

결제 데이터는 플랫폼이 확보해야 할 사용자 데이터의 가장 궁극적인 목표점에 가깝다.
중국은 2021년 6억 명이 넘는 모바일 페이먼트 사용자를 확보할 것으로 예측되며, 중국
정부 역시 디지털 위안화(DCEP, Digital Currency Electronic Payment) 정책을 통해 현금
없는 경제 시스템을 추진 중인 만큼 중국은 앞으로 다가올 더욱 첨예한 데이터
경쟁에서 우위를 차지할 것이 분명해 보인다.

출처 : eMarketer
단위 : %, 사용자 수

＊＊ ───

2020년 기준 알리바바^Alibaba Group 의 전자금융부문 자회사인 앤트그룹^Ant Group, 蚂蚁集团의 알리페이^Alipay, 支付宝는 13억 명의 사용자를 확보한 전 세계 최대 규모의 모바일 페이먼트 브랜드이며, 중국 시장 점유율은 60%에 가깝다. 모바일 페이먼트 브랜드들은 대형 프랜차이즈 브랜드들을 제외하면 거의 수수료를 받지 않는 정책으로 엄청난 속도의 성장을 달성했고, 이를 통해 거대한 사용자 데이터를 축적하고 있다.

참고자료

홍순도, 김규환, 차상근, 노석철, 김충남, 정용환, 양정대, 이우승, 윤창수, 이재호, 홍우리, 은진호 저, [트렌드 차이나 2020], 더봄(2019), 212~224쪽
박승찬 저, [더 차이나:중국이 꿈꾸는 반격의 기술을 파헤치다], kmac(2020), 236~244쪽
윤재웅 저, [차이나 플랫폼이 온다], 미래의창(2020), 189~192쪽

그동안의 거대한 브랜드 패러다임 변화는 주로 대공황, 세계 대전 등과 같은 사회, 경제적인 변동에 의해 모듈레이션되어 왔다. 그리고 2020년 불거진 팬데믹 사태는 또다시 엄청난 유동성을 형성하며, 새로운 패러다임의 가시화를 예고하는 중이다.

이런 상황에서 아직까지 시장의 관심은 초연결 시대를 지배해온 브랜드들이 축적해낸 엄청난 양의 사용자 데이터에 집중되어 있는 듯하다. 팬데믹으로 형성된 거대한 유동성의 방향이 이쪽을 향하고 있고, 실질적인 소비수요까지 뒤따르는 상황이기 때문이다.

하지만 더욱 광범위한 사용자와 플랫폼 간의 연결성이 예고되는 지금 시장의 주목은 곧 새로운 패러다임을 향하게 될 것이며, 또 한 번의 세기적인 변화로 이어질 것이다. 그리고 우리는 지금 그 세기적인 변화의 목전에 서 있다.

이번 책을 통해 현대적인 개념의 브랜드가 태동한 시점부터 초연결 패러다임까지의 변화를 살펴봤다면, 이후 연구에서는 초개인화 브랜드 플랫폼의 방향과 그 주도권에 대한 논의를 이어가보고자 한다. 근래에 보기 힘든 변동성이 나타나는 지금, 부디 다가올 새로운 브랜드 패러다임에 대한 치열한 논쟁에 이 책이 활용될 수 있기를 희망한다.

사랑하는 현주에게

BRAND
MODULATION
브 랜 드　모 듈 레 이 션

제1판 1쇄 인쇄	2021년 1월 5일
제1판 1쇄 발행	2021년 1월 8일

지은이	신승학
펴낸이	김덕문

책임편집	손미정
디자인	블랙페퍼디자인
마케팅	이종률
제작	백상종

펴낸곳	더봄
등록번호	제399-2016-000012호(2015.04.20)
주소	서울시 노원구 화랑로51길 78, 507동 1208호
대표전화	02-975-8007　　**팩스** 02-975-8006
전자우편	thebom21@naver.com
블로그	blog.naver.com/thebom21

ISBN 979-11-88522-83-5 03320

ⓒ 신승학, 2021